KB119645

구로동 주식 클럽

**하이퍼리얼리즘
투자 픽션**

구로동
주식 클럽

이상우 지음

위즈덤하우스

소독약과 알코올 솜 그리고 피가 뒤섞여 만들어낸 코를 찌르는 자극. 짜증과 고통으로 인한 고성과 울음소리. 멈추지 않는 사이렌. 피투성이가 된 사람들. 의사들의 다급한 발걸음. 항생제, 링거, 주사기와 약병들. 불안이란 단어를 후각적, 청각적, 시각적으로 구현한다면 바로 응급실이 될 것이다.

박준수는 사람이 죽는 것이 싫고 피를 보는 것이 두려워 정신과 의사가 되었다. 정신과 의사는 어지간해선 응급실에 올 일이 없었다. 응급실에 올 정도의 환자라면 어차피 내과적, 외과적 처치가 우선이고 몸과 마음이 어느 정도 안정되어야 정신과 상담이 가능해지기 때문이다.

응급 상황이 마무리되면 정신과 의사가 나설 차례지만 세상 모든 일이 그렇듯 여기에도 몇 가지 예외가 있었다. 그중에서도 준수가 가장 싫어하는 것은 바로 오늘 오전에 받은 전화다.

"박준수 원장님이시죠? K대 구로병원 응급실입니다."

준수의 심장이 덜컥 내려앉았다. 준수는 어두워진 낯빛으로 올해는 아직 한 명도 없었는데, 하고 중얼거렸다. 준수의 손에 들린 수화기에서 말이 이어졌다.

"원장님 클리닉에 다니는 환자가 자살 시도를 했습니다. 코마상태고요."

"DI*인가요? 행잉**인가요?"

준수의 손이 덜덜 떨렸다. 제발 DI 이기를. DI라면 그나마 회복 가능성이 높았다.

"행잉입니다. 불행 중 다행은 가족들이 일찍 발견한 것 같아요. 대략 여섯 시간 정도 지난 것으로 추정됩니다. 환자가 평소 드시던 약이랑 진단명을 알려주실 수 있겠습니까?"

"제가 응급실로 가서 말씀드리겠습니다."

환자 소견서, 약물 처방 내역, 진료 기록… 무엇을 더 챙겨야 할까? 준수는 주변을 둘러보았다. 환자의 보호자는 이미 병원에 함께 있을 테고 진료 일정은 엄 실장이 알아서 변경해줄 것

---

* Drug Intoxication, 약물 과다 복용
** hanging, 목을 매닮

6

이다.

두근.

'괜찮아.'

두근.

'안 늦었어. 여섯 시간이면 아직 가능성 있어.'

분주하게 자료를 챙기던 준수가 자리에 우뚝 멈춰 섰다.

'그 사람들… 연락을 해줘야 할까?'

준수는 심호흡을 하고 급히 기억을 더듬어보았다.

— 제1항, 서로의 사생활에 간섭하지 않는다.

아니, 이건 사생활이 아니라 응급 상황 아닌가?

— 제2항, 성별도 나이도 연락처도 묻지 않는다.

환자는 이 상황을 알리고 싶을까? 자칫 잘못하면 정신과 의사가 환자의 비밀을 동의 없이 알리는 모양새가 될 수도 있다. 윤리적 문제는 물론 소송을 당할지도 모른다.

— 제3항, 오프라인에서는 절대 만나지 않는다.

결국 체념하고 병원을 나서려던 찰나 준수의 머릿속에 몇 달 전 환자와 나눴던 대화가 떠올랐다.

"선생님, 요새 정말 의지가 되는 사람들이 생겼어요."

"좋은 소식이네요. 회사 동료? 친구?"

"아니요. 음, 원래 절대 밖에서 이야기하면 안 되는데… 그게 저희 클럽 규칙이거든요."

— 제4항, 절대로 클럽의 비밀을 외부에 발설하지 않는다.

눈을 반짝 빛내며 이야기하다 자신의 실수를 알아차린 듯 머쓱하게 웃던 환자의 얼굴이 준수의 눈에 아른거렸다.

"불편하시면 굳이 이야기하지 않으셔도 됩니다."

"아니요. 어차피 상담에서 한 이야기는 저랑 선생님밖에 모르니까 말하고 싶어요. 선생님께서 서운해하실 수도 있지만 요즘 클럽 멤버들 덕에 제 병이 낫고 있는 것 같아요. 정말 좋은 사람들이에요. 어떨 땐 초등학교 때부터 알던 친구 같기도 하고 어떨 땐 형제 같기도 하고요."

"서운하긴요. 정말 고마운 분들이네요. 클럽 멤버들과 자주 만나시나요?"

"아니요, 만난 적은 한 번도 없어요. 그게 규칙이거든요. 그래서 오히려 더 편해요. 어느 순간부터 오늘 너무 힘들다는 이야기를 저도 모르게 다 털어놓게 되더라고요. 신기하죠? 얼굴도 모르고 심지어 남잔지 여잔지도 몰라요. 나이도 마찬가지고요."

"다행이네요. 멤버가 많은가요?"

"아니요, 저까지 딱 다섯 명이요. 그리고 다 실명을 안 쓰고 별명으로 대화해요."

"재밌는 모임이네요. 혹시… 클럽 이름이 뭔가요?"

"구주 클럽, 구로동 주식 클럽이에요. 재밌죠? 구세주를 기다
리는 초보들이란 의미기도 해요. 다 주식에 물린 개미들이라…
아, 선생님은 주식에 별로 관심 없으시죠?"

여기까지 떠올렸을 때 준수는 무언가를 결심한 듯 스마트폰
을 꺼냈다.

— 제5항, 멤버가 정말 심각한 위기에 빠졌을 땐 모두가 나서
서 돕는다.

그래, 지금이 바로 그 순간이다. 준수가 카카오톡을 실행하며
급히 병원 문을 나섰다.

< Group

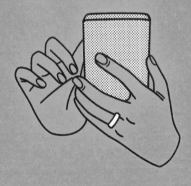

1장

주식 중독
클리닉

2012년 8월의 어느 날 밤 S병원 응급실.

"야, 오늘 웬만하면 콜하지 말라고 했잖아. 4년 차가, 응? 말년 병장이 이렇게 새벽에 응급실까지 내려와야겠냐? 어지간하면 내일 교수님 외래 잡아주고 보내."

정신과 레지던트 준수가 졸린 눈을 비비며 괜한 투정을 부렸다. 준수의 목소리에서 피곤이 묻어났다. 응급의학과 레지던트 이민재는 잠자코 준수의 투덜거림을 받아주었다. 준수와 민재는 꽤 친한 사이였다.

"아이, 어지간하면 내가 콜했겠냐? 케이스가 좀 복잡해서 그렇다. 잘 좀 봐줘."

"뭔데? 수어사이드 어템?* 알코올? 조현병?"

---

* suicide attempt, 자살 시도

"자살 시도 환자인데… 너무 어려. 여자 중학생이야."

"행잉? 리스트 커팅?* 심하진 않지? 바이탈은 괜찮고?"

"손목. 생명에 지장은 없는데… 보호자가 좀 그렇다."

"가정 폭력? 멍든 데 있어?"

"눈에 보이는 곳엔 없어. 그런데 뭔가 좀 수상하다. 보호자가 전혀 걱정하거나 놀라지 않고 무척 귀찮아하는 느낌이야."

민재가 고개를 절레절레 저었다. 설명을 들은 준수는 속으로 '딸이 손목을 그었는데 놀라지 않다니 첫 번째 시도는 아니겠군'이라고 생각했다. 확실히 상황이 좋은 편은 아니었다. 준수가 인상을 찌푸리며 물었다.

"아버지야? 아니면 어머니?"

"아버지. 어머니는 안 계신대."

"아버지를 무서워하거나 학대당한 것 같지는 않고? 아버지가 욕설을 많이 한다거나."

"아니야, 되게 점잖아 보였어. 그런데 이상한 건 양복을 입고 있더라고. 자식이 손목을 그어서 새벽에 응급실에 왔는데 그렇게 차려입고 오는 게 정상은 아니잖아? 뭔가 이상해."

---

* wrist cutting, 손목을 그음

"그렇긴 하네. 아버지는 뭐 하는 사람인데?"

"변호사란다. 설마 사회적 지위도 있는 사람이 별일 저질렀 겠느냐마는…"

민재가 말끝을 흐렸다. 준수는 응급실 구석에 있는 아동 학 대 센터 연락처를 흘끗 확인했다. 그의 경험상 겉으로 보이는 것만이 전부는 아니었다. 밖에서는 멀쩡해 보이는 사람이 집에 서는 사실 알코올 의존이거나 폭력을 일삼는 경우도 있었다. 모 든 가능성을 고려해야 했다.

"모르지, 신체적 학대가 아니더라도 가스라이팅이나 그루밍 을 했을 수도 있고."

준수의 말을 들은 민재가 고개를 끄덕이며 말했다.

"그래, 잘 좀 봐줘."

"보호자 면담부터 먼저 할게. 학생은 보호실에 있지? 환자 혼 자 있지 않게 간호사 선생님 한 명 붙여주고. 보호자부터 내 상 담실로 불러줘."

민재는 오른손으로 오케이 사인을 그리며 발걸음을 옮겼다. 피곤이 가시지 않은 준수는 주머니에 양손을 찔러넣은 채 속으 로 하품을 하며 상담실로 향했다.

응급실에서 행하는 정신과 면담의 기본은 환자와 보호자를 분리하는 것이다. 이날의 상담 역시 이 원칙에 따라 진행되었다. 준수의 상담실에는 회색 정장을 차려입은 남자가 앉아 있었다. 늦은 밤인데도 남자의 겉모습에는 흐트러짐이 없었다. 준수가 차분한 목소리로 남자에게 물었다.

"자녀분께서 혹시 정신과에 방문하거나 심리 상담을 받은 적이 있으신가요?"

"아니요, 제가 알기론 처음입니다."

"아, 실례지만 혹시 환자분의 어머니는 함께 오지 않으셨는지요."

"아이가 어릴 때 이혼했습니다. 지금은 저도, 아이도 연락하지 않고 있습니다."

"아, 네…. 그럼 혹시 환자분께서 최근 큰 충격을 받을 만한 일을 겪지는 않으셨는지요?"

"제가 알기론 전혀 없었습니다. 아이가 예전에 어머니 때문에 상처를 좀 받은 거 말고는. 그 여자가 우울증이 있어서 아이에게 유전된 거 같기도 하고요."

환자의 아버지이자 보호자인 남자는 준수의 질문이 귀찮은 듯 사무적으로 답했다. 겉으로 드러내지는 않았지만 왜 이런 것까지 꼬치꼬치 캐묻느냐는 태도였다. 준수는 정중하고 세련된 남자의 말투에서 은근한 증오심을 발견했다.

'그 여자.'

아이 엄마, 전 부인도 아니고 그 여자라니. 남자의 표현이 차가웠다. 변호사라서 유독 이성적인 것일까? 아니, 아무리 그렇다 쳐도 딸이 자살 시도를 했는데 이렇게 침착할 수 있나? 준수는 의문이 들었다. 남자의 표정은 마치 사람이 가득 찬 구청에서 짜증을 꾹 참고 자기 차례를 기다리는 민원인 같았다. 남자가 상담실 벽에 걸린 시계를 슬쩍 보며 말했다.

"제가 시간이 별로 없어서요. 응급실 선생님 말씀으로는 상처가 깊지 않다는데 바로 퇴원할 수 없을까요?"

"자살 시도가 의심되는 경우 정신과 면담이 필수입니다. 퇴원하시고도 3일 안에 정신과 외래로 오셔서 교수님 면담을 한 번 더 하셔야 합니다. 3일 동안은 부모님께서 24시간 곁에서 지켜보셔야 하고요."

준수가 곤란한 표정을 지었다. 준수의 설명을 들은 남자가 답답한 기색을 애써 티 내지 않으려 노력하며 말했다.

"제가 일 때문에 시간을 내기가 어렵습니다. 그냥 간단히 처리해주세요."

"어렵습니다. 규칙이라서요."

"규칙이라… 네, 알겠습니다. 그럼 아이 상담은 가능한 한 빨리 끝내주세요."

남자가 조바심을 숨기지 못하고 결국 한숨을 크게 쉬었다. 상담을 시작하고 10분도 채 지나지 않았다. 이런 아버지와 단둘이 사는 아이의 마음은 어떨까. 준수는 남자에게 더 이상 대꾸하지 않고 나가보시라는 의미로 상담실 문을 두 손으로 가리켰다. 남자가 기다렸다는 듯 자리에서 벌떡 일어났다. 환자와 면담할 차례를 기다리며 준수는 뻐근해진 뒷덜미를 손바닥으로 쓸었다.

시간이 흐르고 응급 처치를 마친 환자는 남자가 미는 휠체어를 타고 상담실로 들어왔다. 준수는 찰나에 환자의 수척한 얼굴을 살폈다. 앳된 얼굴에 어울리지 않게 짙은 그늘이 드리워 있었다. 준수의 책상 앞에 휠체어를 멈춘 남자가 환자의 옆에 있는 의자에 앉으려고 하자 준수가 시선을 돌려 말했다.

"면담은 환자와 따로 해야 합니다. 아버지께서는 잠깐 나가주십시오."

남자가 황당하다는 듯 픽, 헛웃음을 치며 말했다.

"제가 애 아버지인데 숨겨야 할 이야기라도 있습니까? 저도 같이 듣겠습니다."

"정신과 면담은 환자의 프라이버시를 지키기 위해 따로 진행

해야 합니다. 잠깐 자녀분과 둘이서 이야기하겠습니다."

준수의 부드럽지만 단호한 태도에 남자가 미간을 찌푸렸다.

"제 딸은 미성년자입니다. 제게는 아버지로서 아이를 보호할 의무가 있습니다."

"선생님, 여기는 병원입니다. 저희가 따님에게 해를 가할 일은 전혀 없습니다. 걱정 마십시오."

"하지만 괜한 말로 아이를 겁먹게 만들 수도 있지요. 가족 간의 문제에 개입한다거나…. 교육에 안 좋은 영향을 줄 수 있으니 저도 동석해야겠습니다."

"선생님, 변호사시니 더 잘 아실 텐데요. 정신과 면담에서는 철저하게 환자의 비밀을 지켜야 합니다. 부모님에게도 마찬가지로요."

"아직 레지던트라 잘 모르시는 모양이네요. 그 조항은 환자가 미성년자일 경우 해당하지 않습니다. 게다가 지금 상황은 제 딸과 법적 보호자인 제가 정신과 면담에 아직 동의하지 않은 상태고요. 미성년 환자의 경우 면담을 진행하려면 보호자인 제가 동의해야 합니다."

남자가 법정에서 변론이라도 하듯 똑 부러지게 말했다. 준수는 그가 무언가를 숨기려는 것 같다는 인상을 받았다. 준수가 옷

매무새를 가다듬고 조금 긴장한 얼굴로 말했다.

"그 말씀도 틀린 건 아니지만 지금은 환자가 자살 시도를 한 특수한 상황입니다. 응급실에서는 환자 보호와 안전의 의무가 우선입니다."

"막말로 선생님이 밀실에서 제 딸에게 성적인 접촉을 가할지 누가 알겠습니까? 제가 동석해야 합니다."

"그게 걱정되신다면 여자 의사 선생님에게 상담을 맡기거나 간호사 선생님께서 동석한 자리에서 상담하겠습니다."

"간호사가 동석한 자리에서 상담하는 것 자체가 비밀 유지가 안 되는 것 아닙니까? 아무래도 저를 배제하려고 계속 말을 바꾸시는 듯한데요."

준수는 필요 이상으로 예민하고 공격적인 남자의 태도에 무언가 있다는 직감이 들었다.

"아버님, 지금 여기서 저와 실랑이하는 것보다 따님 치료가 더 시급합니다."

"상황을 이상하게 몰고 가시는군요. 저를 딸에게 몹쓸 짓을 저지른 아버지 취급하면서요. 몹시 불쾌합니다."

"제 말씀은 그게 아니라…"

"이런 말까진 안 하려고 했는데 저 대형 로펌에서 일합니다.

지금 레지던트 선생이 한 말에 모욕죄를 얼마든지 적용할 수 있어요. 감당할 수 있겠습니까? 환자와 보호자를 따듯하게 위로하고 보살펴야 할 분이… 아직 젊어서 실수하신 것 같은데 제가 한 번은 참겠습니다."

남자가 협박조로 뱉은 말에도 준수는 흔들리지 않았다.

"죄송하지만 따님과는 따로 상담해야 할 것 같습니다. 그게 환자의 권리입니다."

"이봐, 점잖게 이야기하니까 상황 파악이 안 되나 본데 내가 누군지 알아? 당신네 병원이랑 여기 응급실에 의료법, 간호사법 위법 사항 없는지 탈탈 털어볼까? 징계 한 번 먹게 해줘?"

"그래도 안 됩니다. 아니면 여자 전공의 선생님과 면담하게 하거나 제가 간호사님과 동석해서 상담하겠습니다."

"보자 보자 하니까… 당신 이름이랑 전화번호 뭐야? 여기 책임자 불러! 교수 나오라고 해!"

남자가 화를 가라앉히지 못하고 결국 목소리를 높였다. 사실 응급실이 보호자의 컴플레인으로 소란스러워지는 것이 하루이틀 일은 아니었다. 하지만 변호사, 대형 로펌 같은 단어가 오가자 불안해진 책임간호사 한 명이 응급실 교수에게 급히 상황을 보고했다. 곧 이대성 교수가 슬리퍼를 끌고 당직실에서 나왔다. 이 교수는 시끄럽고 귀찮아지는 것을 세상에서 가장 싫어하는 '응급실의 꼰대'였다.

이 교수는 준수를 흘끔 보더니 웃으며 보호자를 응급실 밖으로 데려갔다. 둘은 5분 정도 함께 담배를 피우더니 웃으며 명함을 주고받았다. 준수는 앞으로 상황이 원하는 대로 흘러가지 않을 것이라고 예감했다. 이 교수가 곧 준수에게 돌아와 웃으며 이야기했다.

"박 선생, 그냥 보호자와 함께 면담하지."

"아니, 교수님 그래도…"

"그렇게 해. 아니면 이 새벽에 내가 자네 과장에게 전화라도 할까?"

준수는 속으로 이건 진짜 아닌데, 하며 고개를 숙였다. 그래서는 안 되었지만 여긴 병원, 아니 '하얀 거탑'이었다. 레지던트가 교수에게, 그것도 타과 교수에게 대드는 일은 절대 용서받을 수 없는 행동이었다. 아무 말 없이 서 있는 준수에게 이 교수가 말을 계속했다.

"젊은 열정은 좋아. 나도 자네 나이 땐 그랬어. 그런데 사람이 좀 융통성이 있어야지."

"만약 아버지가 아이를 학대했을 수도 있잖습니까? 교수님,

따로 상담해야 합니다."

"박 선생이 의학 드라마를 너무 많이 본 모양인데 저 사람 변호사야. 폭력이라니 말이 돼? 그리고 멍들거나 다친 곳도 없다며. 사람 함부로 의심하지 말게."

"교수님, 그래도…"

"어허, 이 사람아! 저 보호자 내 고등학교 후배에다 S대 법대 나왔어. 괜히 귀찮은 일 생기면 자네가 책임질 텐가?"

이 교수의 얼굴이 굳어졌다. 준수는 현실에 타협해야 할 때가 왔다는 것을 깨달았다.

결국 남자가 동석한 채 상담이 시작되었다. 파리한 환자의 행색과는 달리 보호자인 남자의 얼굴은 어딘가 의기양양해 보였다. 준수는 남자 쪽으로 눈길을 주지 않으려고 노력하며 환자에게 조심스럽게 운을 뗐다.

"혹시 요새 안 좋은 일이 있었니? 아니면 학교에서 무슨 일이 있었니?"

환자는 준수가 아니라 아버지의 눈을 보고 있었다.

"…아니요."

"무슨 일이 있었는지 편안하게 이야기해도 돼. 선생님이 꼭 도와줄게."

환자와 준수의 눈이 마주쳤다. 환자의 눈에 눈물이 그렁그렁 맺혔다. 한동안 정적이 이어지다 환자의 메마른 입술이 움찔거렸다. 어렵사리 환자가 무슨 말을 뱉으려는 찰나였다.

"흠, 흠."

남자가 갑자기 헛기침했다. 환자는 남자에게로 눈길을 돌렸다. 준수는 순간 환자의 눈빛에서 두려움을 읽었다. 절망하고 포기하는 눈. 환자의 손이 미세하게 떨렸다.

결국 30분 동안 환자는 거의 아무 말도 하지 않았다. 이대로 넘어갈 수 없었다. 환자와 남자를 병실로 돌려보낸 뒤 준수는 급히 이 교수에게 향했다. 큰 결심이라도 한 듯 주먹을 꽉 쥐고 이 교수에게 준수가 말했다.

"교수님, 이거 진짜 뭔가 있습니다. 아이하고 따로 면담해야 합니다."

이 교수가 미간을 팍 찌푸리며 짜증이 섞인 투로 답했다.

"박 선생, 말귀 못 알아듣나? 그래, 만약 진짜 100분의 1의 확률로 아버지가 그… 뭐냐, 정서적 학대라는 걸 하고 있다고 치자. 그렇다고 저 사람 바로 구속할 수 있나? 재판도 없이?"

준수의 말문이 막혔다. 이 교수가 들고 있던 펜으로 환자의 병실 쪽을 가리키며 말을 이었다.

"엄마도 없다며. 환자에게서 아버지를 지금 억지로 떼놓으면 이 새벽에 누가 쟤를 집에 데려다줄 건데? 지금 새벽 3신데 사회복지센터에 연결할 수 있나? 머리 좀 식혀. 저 환자는 어차피 보호자랑 오늘 집에 돌아가게 되어 있어. 자네가 이 난리를 치는 게 과연 저 애한테 도움이 될 것 같아?"

틀린 말은 아니다. 아니, 현실적으로 보자면 이 교수의 말이 맞다. 현실은 냉정했다. 준수는 속이 너무 답답했다. 반박할 말이 딱히 떠오르지 않았다. 준수에게는 오늘 처음 본 아이를 책임질 수 있는 권리도 능력도 없었다. 이 교수가 혀를 끌끌 차며 말했다.

"이 모든 게 자네 추측이야. 객관적으로 사실 관계를 입증하지 못하면 전부 다 우리가 뒤집어써야 한다고. 어설프게 명의 흉내 내지 말고 시키는 대로 하게!"

"교수님…"

"내가 꼭 정신과 과장이나 교실에 정식으로 항의해야겠나? 자네 내년에 펠로* 한다면서? 이렇게 말귀를 못 알아듣고 분란

---

* fellow, 대학병원의 임상강사 혹은 임상진료교수. 교수진에서 가장 막내 역할을 하는 보직

일으켜서 병원에 오래 붙어 있을 수 있겠어?"

아무 말 못 하고 서 있는 준수를 보며 이 교수가 고개를 절레절레 젓고는 자리를 떴다.

'그래, 어쩔 수 없었어. 내 착각일 거야. 별일 아닐 거야.'

준수는 애써 죄책감에서 눈을 돌렸다. 찬 바람을 쐬며 머리를 식히려 나서는데 응급실 원무과에 서 있는 환자와 남자가 보였다. 준수와 환자의 눈이 마주쳤다. 여전히 환자의 눈은 떨리고 있었다. 도와주세요, 간절히 외치고 있는 것은 아닐까. 제발 누군가 알아차리길 바라며 신호를 보낸 것은 아닐까. 혹시 지금이 저 아이를 구할 마지막 기회인 것은 아닐까.

준수는 10년이 지난 2022년에도 한 달에 한 번씩 그날의 꿈을 꾼다. 그 환자는 안전할까. 어떻게 살고 있을까. 부디 자신의 걱정이 틀렸기를, 환자가 행복한 어른이 되어 있기를 바라며 준수는 다시 잠을 청했다.

. . .

현재 준수는 서울특별시 구로동에서 주식 중독 클리닉을 운영하고 있다. 정신과를 방문하는 이들이 으레 그렇듯 준수의 주식 중독 클리닉에도 행복한 일로 찾아오는 사람은 드물다. 클리닉에 온 이들은 대부분 주식투자로 큰 경제적 손실을 본 사람들이다. 하나같이 안색은 흙빛이고 죄인처럼 고개를 푹 숙였다. 준수는 가족들의 눈치를 보면서 쉽게 말을 떼지 못하는 것만 봐도 환자가 대충 얼마를 잃었는지 감을 잡았다.

준수는 '삼프로TV'와 KBS, YTN 뉴스에서 주식 우울증, 주식 중독에 관한 인터뷰를 하고 난 뒤로 서울에서 손꼽히게 많이 이 분야를 다루게 되었다. 2021년까지만 해도 주식 관련 환자는 하루 서너 명 수준이었으나 2022년 2월 러시아가 우크라이나를 침공한 뒤 주식 우울증을 호소하며 클리닉에 찾아오는 사람들이 두 배 이상 늘었다. 2022년 6월부터는 하루에도 열 명 이상이 주식으로 인한 우울과 불안장애로 병원을 찾아왔다.

주식 때문에 정신과에 내원할 정도면 손실액이 수천만 원 이상은 기본이었고 근태 문제로 직장에서 해고당할 위기에 놓인 환자도 많았다. 공금을 횡령했거나 가족 명의의 아파트나 건물을 날리고 찾아온 경우, 파혼이나 이혼 혹은 부모나 형제와 의절할 정도로 문제가 심각한 사례도 있었다.

준수의 주식 중독 클리닉은 총 12주, 3개월 코스로 운영되었다. 한 코스는 크게 1단계 진단, 2단계 수용, 3단계 행동의 과정으로 이뤄져 있다. 단계별로 한 달이 걸리는데 매주 한 가지씩 네 개의 소주제로 구성되어 있으며 상담은 주 1회, 1회당 한 시간 내외로 진행되었다.

첫 달은 네 번에 걸쳐 환자의 정확한 상태를 진단했다. 현재 재무나 신용 상태는 어떤지, 어떤 약점과 문제점, 긍정적인 점을 가졌는지 등을 파악했다. 또 치료 공동체를 만들기 위해 환자의 가족이 치료에 참여할 준비가 되어 있는지도 알아봤다.

두 번째 달은 수용의 단계다. 네 번에 걸쳐 자신의 실수를 되돌아보고 무엇이 잘못되었는지를 깨닫는 과정이다. 준수는 환자에게 자기 객관화와 기억 강화 학습을 위해 실수를 기록하고 기억하게끔 했다. 의식과 무의식을 변화시키는 인지 오류의 극복과 감정 분리 기법도 교육했다.

세 번째 달은 행동의 단계다. 이 단계에서는 자신을 어느 정도 알게 된 환자에게 주식투자의 인사이트를 키워주고 단계적으로 천천히 주식투자에 관한 두려움과 트라우마를 극복하게 도와준다. 같은 실수를 반복하지 않도록 재발 방지 훈련도 했다. 성숙하고 건강한 투자를 할 수 있도록 준비하는 것이다.

사실 정신과 학회에서 인정한 진단체계와 분류에서 '주식 중독'이라는 병은 아직 존재하지 않는다. '중독'이라는 단어의 정의 자체가 '어떤 일에 있어 나쁜 결과를 충분히 예상하면서도 반복적으로 그 행위에 집착하는 현상'을 말하는 것이기 때문이다. 중독이라는 단어가 연상시키는 부정적인 의미를 주식투자와 결부하는 것이 적절한지에 관한 논쟁은 계속되고 있다.

주식투자가 위험을 내포하고 있을까? 물론 그렇다. 하지만 그렇다고 주식투자가 알코올, 도박, 마약처럼 우리 신체와 정신에 해를 끼치는 나쁜 행위일까? 이것은 정신과 의사들 사이에서도 이견이 많아 아직 합의에 이르지 못한 문제다. '나쁜 결과를 충분히 예상하면서도'라는 부분 때문이다. 망할 줄 알면서 주식에 투자하는 사람이 어디 있단 말인가. 모두가 수익이 날 것이라고, 잘될 것이라고 기대하며 투자를 한다.

주식을 전혀 모르면서도 친구가 추천하는 종목에 몇천만 원을 올인하는 사람. 이 사람이 하는 행위는 투자일까 도박일까? 엄밀히 따지면 도박에 가깝다. 아니, 어쩌면 도박보다도 낮은 확률의 승부다. 카지노에서 플레이어가 승리할 확률이 가장 높은 게임은 바카라˚인데 그 수치는 44.2퍼센트다. 카드 게임인 블랙잭의 경우 기본 전략을 마스터한 고수의 승률은 47.3퍼센

˚ 플레이어와 뱅커 중 하나를 선택하는 홀짝 같은 게임

트에 달한다는 연구가 있다.

가장 승률이 높은 게임조차 이길 확률이 47.3퍼센트밖에 되지 않는다면 도박을 대체 왜 할까? 이성적인 사고와 간단한 산수를 할 수 있다면 도박으로 돈을 딸 확률이 한없이 낮다는 사실을 알 것이다. 바카라는 한 게임을 하는 데 3분도 걸리지 않는다. 다섯 시간이면 100판 정도 할 수 있다. 그동안 계속 돈을 딸 확률은 얼마나 될까?

이런 애처로운 승률을 인지한 뒤에도 여전히 도박을 하는 이유는 다음과 같다. 첫째, 나는 운이 좋으니 그 정도 승률이면 충분하다는 긍정격화의 인지 오류. 둘째, 이기려고 하나? 재밌으려고 하는 거지, 뭐. 셋째, 보상회로의 과다한 자극으로 전두엽의 판단력이 마비된 상태라서. 인간은 놀라울 정도로 자기 자신에게 관대하다. 정도의 차이가 있을 뿐 자기애와 나르시시즘은 인간의 본능이다. 나에게 확률 이상의 행운과 신의 가호가 주어질 것이라 기대하는 마음은 언제나 무의식에 존재한다. 그나마 여기까지는 이해할 수 있다.

어떤 도박 중독자들의 뇌는 도파민˙이 과다하게 분비되어 보

˙ 신경전달물질의 하나로 뇌신경 세포의 흥분 전달 역할을 함

상회로의 변형이 일어난 상태다. 즉, 뇌 구조가 정상인과 다르다는 뜻이다. 도박을 하며 느꼈던 강렬한 쾌감이 기억 저장소인 해마체에 반복적으로 각인되면 도박을 생각할 때 실패나 두려움이 아닌 즐거움과 쾌락만 떠올리게 된다. 이 단계에 이르면 결과는 크게 상관이 없어진다. 돈을 따려고 도박을 하는 게 아니라 오로지 그 행위 자체에 중독된다. 돈을 잃든 말든 그저 도박을 한다는 사실만으로 흥분되고 즐거운 것이다. 이들이 강원랜드나 마카오, 라스베이거스에 가면 카지노까지 뛰어간다. 빨리 간다고 따는 것도 아닌데 소풍 간 아이처럼 신나서 돈을 잃으러 달려간다.

주식투자에서도 분명 이런 사람들이 있다. '이 주식은 반드시 사야 한다'며 근거도 없이 오전 9시에 장이 열리자마자 1분 만에 풀 매수를 하는 도파민의 노예들. 손실 가능성은 아예 무시한 채 대박, 상한가, 폭등 같은 단어에 뇌를 지배당한 것이다.

이 뜨거워진 보상회로를 바로잡아주는 곳이 바로 편도체다. 편도체는 두려움, 분노, 공포심을 조절한다. 우리가 어떤 위험한 일을 하려고 할 때 "멈춰!"라고 외쳐주는 욕망의 브레이크다. 하지만 불행하게도 중독에 빠진 이들의 전두엽은 과도한 도파민으로 마비되어 있다. 이성적인 판단력과 의사결정 능력, 계산

능력이 결여되어 있다는 뜻이다. 이들은 제 기능을 못하는 편도체 때문에 오로지 충동적인 감정만으로 행동한다. 매사에 겁이 없어지고 실패 가능성은 애초에 고려하지 않게 된다. 브레이크가 고장 난 상태로 너무나 자연스럽게 위험한 도전에 몸을 내던진다. 이것이 우리가 도박에 빠지는 이유다.

이런 상태를 바로잡으려면 무엇이 필요할까? 욕망의 호르몬인 도파민의 레벨을 낮추고 이성적인 사고를 통해 우리를 차분하게 만들어줄 수 있는 것, 바로 세로토닌과 노르에피네프린이다. 세로토닌은 안심 호르몬으로 뜨거워진 도파민을 식히고 불안과 우울함에 대한 면역을 높여주는 신경전달물질이다. 노르에피네프린은 불안 호르몬인데 이것이 있어야 신중해지고 조심하게 된다. 결국 도파민, 세로토닌, 노르에피네프린이 적당한 균형을 이뤄야 이성적이고 현명한 투자가 가능해진다는 의미다.

내가 하는 투자가 도박인지 투자인지를 구분하려면 자기 객관화가 필요하다. 주식투자에서 나쁜 결과가 일어날 수 있다는 사실을 충분히 인지하고 있는지, 리스크 분산이나 밸런싱, 현금 유동성 확보, 헤지에 대한 준비는 얼마나 되어 있는지 등을 객관적으로 판단할 수 있어야 한다. 또 그러기 위해서는 바로 옆에서 이성적이고 중립적으로 조언해줄 사람이 반드시 필요하다. 바로 이것이 준수가 정신과 전문의로서 주식 중독 클리닉을 시작하게 된 이유다.

· · ·

1주 차: 재무 상태 평가

- 주식에 총 얼마를 투자했고 얼마를 잃었는가?
- 주식 계좌는 청산했는가? 아니라면 얼마가 남아 있는가?
- 남은 재산(부동산, 현금, 채권, 토지 등)의 규모는 얼마인가?
- 자본, 부채, 투자금의 비율은(가용자산의 몇 퍼센트를 주식에 투자했는가)?
- 주식 외 다른 고위험 상품(가상화폐 등)에 투자했는가?
- 은행, 제2금융권, 사채, 지인과 가족에게 얼마를 빌렸는가?
- 직계 가족의 재산 규모, 채무 변제 능력은?

주식 중독 클리닉 첫날. 이날은 준수가 할 일이 별로 없다. 어차피 클리닉을 찾는 사람 열 명 중 세 명은 다음 주에 오지 않는다. 이 셋은 치료를 받으러 온 것이 아니기 때문이다. 이날 준수가 주로 듣는 이야기는 이런 것이다.

"주식으로 돈 좀 잃었다고 정신과를 왜 와? 내가 무슨 큰 잘못이라도 했어?"

"확실해서 투자한 건데 운이 좀 나빴어."

"선생님, 제가 진짜 1억 원까지 땄었거든요? 그런데 딱 5퍼센트만 더 먹자고 욕심부리다가….."

"코로나에 전쟁에, 뭐 이게 내 탓인가? 러시아 탓이지."

"내 주변에 전부 다 반토막, 심지어 마이너스 70, 80퍼센트야. 나는 양반이라고."

"의사 양반, 주식엔 흐름이 있소. 파도야, 파도. 이제 조금만 있으면 올라갈 걸세."

이들은 자신이 실수했다고 생각하지 않는다. 무의식에는 약간의 수치심 혹은 죄책감이 있으나 열등감과 방어 기전이 이를 드러내기를 용납하지 않는다. 이들은 가족에게 어쩔 수 없었다 변명하고자 이렇게 말하며 정신과를 찾는다.

"내가 미안하게 생각하지, 미안해! 그러니까 정신과까지 끌려왔지, 어?!"

오늘의 주인공은 50대 초반 S전자를 부장으로 퇴직하고 중소기업 이사로 재직하다 주식을 알게 된 A 씨다. 선물옵션으로 퇴직금 3억 5000만 원을 전부 다 날리고 계좌를 청산당했지만 그의 목소리는 여전히 쩌렁쩌렁하다.

"내가 K대 졸업하고 S전자 사장님하고 골프도 세 번이나 친 사람이야!"

A가 상담실 의자에 앉아 큰소리를 쳤다. 전업주부 아내와 그의 외동딸은 이 순간에도 A의 눈치를 살폈다. 평생을 성실한 직장인으로 살며 가정에 충실했다는 A. 이렇게 능력 있고 똑똑한 사람이 어떻게 주식투자, 그것도 가장 위험한 선물옵션에 빠지게 되었을까? 준수는 그에게 물어보고 싶은 게 산더미 같았지만 서두르지 않겠다고 생각했다. 섣부른 조언이나 평가는 그의 자존심을 건드릴 수 있었다.

첫날 의사가 할 일은 환자의 이야기를 진심으로 경청하는 것이다. 구구절절한 사연, 억울함, 고통을 그저 들어주고 공감해줘야 했다. 처음부터 잔소리를 하거나 그 사람을 바꾸려고 시도해서는 안 된다. 앞뒤가 맞지 않는 변명이나 거짓말을 들어도 바로잡으려 하거나 현실을 직면하게 해서는 안 된다. 그 어떤 하소연이나 불평, 허세도 묵묵히 들어주고 이해해줘야 한다. 그래야만 솔직하게 자신을 드러낼 수 있다. 라포˚가 쌓이기 전에는 100마디를 조언한들 아무 소용이 없다.

환자가 자신의 현재 재무 상태를 솔직하게 털어놓게 하기 위

˚ rapport, 의사와 환자의 신뢰 관계

해 가족들을 잠깐 대기실로 내보내고 일대일 개인 면담을 한다. 물론 처음 본 의사에게 완전히 솔직해지기란 쉽지 않다. 누구나 변명과 거짓말을 한다. 현실을 회피하며 사실을 은폐하고 축소하려 한다. 하지만 이래서는 의미가 없다. 정신과 의사 앞에서조차 솔직해지지 못한다면 그 사람은 아직 변화할 준비가 안 된 것이다. 두 번째 주 수업에 오지 않는 사람들이 그렇다.

그렇다면 거북이처럼 우울과 자책의 동굴에 웅크리거나 숨지 않고 치료에 참여하도록 환자를 끄집어내는 방법은 무엇일까? 의외로 간단하다. 준수는 A와 일대일로 눈을 맞추고 이렇게 말했다.

"선생님, 그동안 참 힘드셨지요?"

몇 달 동안 A의 마음에는 자식 인생까지 망칠 것이냐는 질책과 비난, 퇴직금을 몽땅 날렸다는 자괴감, 막막한 노후에 관한 걱정까지 온갖 것이 들어앉았다. 준수의 다정한 물음에 A의 마음에 켜켜이 쌓인 감정이 와르르 무너졌다.

"내가… 내가 나 혼자 잘살려고 그런 게 아닌데…"

처음부터 환자의 잘못에 집중해 문제의 원인을 찾아내는 데 집착해서는 안 된다. 형사나 검사처럼 잘못을 파헤치려 하면 환자는 숨어버린다. 그저 그 사람이 주식 때문에 겪었을 엄청난

스트레스와 고통, 불안의 시간들을 위로하고 다독여줘야 한다. 의사 앞에서 솔직해질 수 있도록 '나는 언제나 당신의 편이다' 라는 메시지를 건네는 것이다.

불과 20분 전 화려한 과거를 자랑하며 가족에게 쩌렁쩌렁 호통을 치던 A는 한참을 어린애처럼 울었다. 그렇게 한참을 울고 난 A는 휴, 하고 깊은 한숨을 쉬었다. 마음이 조금 진정된 듯했다. 어쩐지 후련해 보이기까지 했다. 준수는 몇 가지를 추가로 질문했다.

"정말 솔직하게 주식으로 얼마를 잃으셨나요?"

"빚은 얼마나 지셨나요? 은행, 제2금융권, 가족과 지인 각각이요."

"가장 이자율이 높고 빨리 갚아야 할 빚은 무엇입니까?"

"현재 남아 있는 재산은 정확히 얼마나 되나요?"

이 중 가장 중요한 것은 남은 재산의 규모와 명의를 확인하는 것이다. 멘털이 무너진 채 계속 주식투자를 하다가 생길 수 있는 2차 재난을 막기 위해서다. 12주 치료 과정이 끝나기 전에는 주식투자를 절대로 해서는 안 된다. 환자가 더 날릴 수 있는 돈이 얼마인지 확인하고 가능하면 이를 한시적이나마 가족 명의로 돌리거나 쉽게 현금화하기 어려운 부동산이나 비유동성

자산에 묻어두는 게 좋다. A는 준수의 질문에 떠듬떠듬 답했다. 간혹 말문이 막힐 때도 있었지만 준수는 재촉하지 않고 가만히 기다려주었다. 마침내 마지막 질문의 답까지 들은 뒤 준수는 A를 따듯하게 바라보며 이야기했다.

"오늘 고생하셨습니다. 그리고 무엇보다 A 씨가 가족을 위해서 이렇게 애썼다는 것, 실수를 만회해보려다 이렇게 되었다는 것을 가족들에게 꼭 전달해드리겠습니다."

A의 눈시울이 다시 붉어졌다.

허세와 과시욕을 해소하기 위해 주식투자를 하는 사람은 많지 않다. 1억 원 이상을 주식에 투자하는 사람들은 대부분 자신의 욕망이 아닌 가족의 행복과 안정을 위해 돈을 쏟아붓는다. 비록 실패했을지언정 제 앞에 앉아 있는 사람의 진심을 알아주는 것 그리고 그가 죽을 만큼 극심한 불안을 견디며 외롭게 노력했다는 점을 인정해주는 것이 첫 번째 상담의 핵심이었다.

• • •

2주 차: 투자 유형 평가

· 개별 주식, ETF, 레버리지 펀드, 옵션 상품 중 어디에 투자했는가?
· 중장기 투자와 단기 투자 중 무엇을 하는가?

- 한국 주식, 미국 주식, 제3지역 주식, 가상화폐에 각각 어떤 비중으로 투자하는가?
- 단타 매매, 데이 트레이딩, 스캘핑을 하는가?
- 평균적으로 주식을 얼마나 길게 보유하는가?
- 분할 매수, 분할 매도를 하는가 올인 매수, 일괄 매도를 하는가?
- 급등주, 상한가 따라잡기를 해본 적이 있는가?
- 상장 폐지 위험, 주의 경고, 관리종목에 투자해본 적 있는가?
- 대선이나 선거 직전 정치 테마주에 올인한 적 있는가?

2주 차에 병원을 찾는 사람들은 우선 자기 부정과 현실 회피라는 1단계 허들을 통과했다고 볼 수 있다. 이들은 진짜로 자신을 바꾸고 싶은 사람들이다. 방법은 아직 모르지만 지금 이대로는 안 된다는 것을 깨닫고 변화의 필요성을 인지하고 있는 사람들이다. 어찌 보면 두 번째 상담이 제대로 된 시작이라고 볼 수 있다.

오늘의 환자는 서른세 살 B 씨와 그의 어머니다. B는 미혼이다. 대학을 졸업한 뒤 어렵게 들어간 중소기업을 3~4개월 만에 때려치우기를 반복하다 현재 전업으로 데이 트레이더˙ 생활을 하고 있다. 그는 평균적으로 1~2억 원 정도를 굴렸다고 한다.

B의 1주 차 상담 때 준수는 그에게도 이제까지 주식으로 정확히 얼마를 손해 봤는지 물었다. 그러자 B는 코웃음을 치며 이렇게 대답했다.

"에이, 그걸 다 어떻게 기억해요. 주식 하루 이틀 합니까? 하루에 2000만 원 먹은 날도 있고 3000만 원 날린 날도 있고 그렇죠, 뭐."

이렇게 큰 손실을 보고도 B의 해마체에 기억이 듬성듬성 남아 있는 이유는 투자금을 땀 흘려 벌지 않았기 때문이다. 그는 현재 어머니의 비상금으로 투자를 하고 있다.

중소기업이 시시하다며 노량진에서 고시 낭인 생활을 5년 정도 하던 B는 협박에 가까운 설득으로 어머니에게 노후 자금 5000만 원을 받아냈다. 그 돈으로 스마트폰 케이스 쇼핑몰 사업을 시작했다 말아먹었다.

B의 2차 시도는 먹방 유튜버가 되는 것이었다. 어머니에게 다시 3000만 원을 빌려 전문 편집자를 뽑고 스튜디오도 대여했다. 이번엔 다를까 싶었으나 웬걸, 한 달에 올리는 영상이 한두 개 남짓이었다. 결국 3000만 원을 6개월 만에 모두 날렸다.

• day trader, 하루에 몇 번 매매를 해서 차익을 노리는 투자자

그러던 어느 날 2020년 말부터 갖고 있던 우량주가 40퍼센트 가까이 올랐다. 다른 사람에게는 좋은 일이었지만 B와 그의 어머니에게는 불행의 씨앗이었다. B는 본인에게 대박 종목을 골라내는 비범한 재능이 있다고 착각했다. 2021년 6월 코스피가 3300을 넘기자 그는 어머니의 마지막 비상금 1억 2000만 원을 모두 뜯어내 주식에 올인했다.

당시 B는 생각했다.

'이제 나도 곧 서른세 살인데 삼성전자에 투자해서 언제 집 사고 언제 결혼하나. 1억 2000만 원을 5억 원으로 만들 방법은 없을까?'

B의 고민을 들은 친구 중 한 명이 미국 주식을 추천했다.

"천조국 주식은 아예 딴 세상이야! 상한선이 없어서 하루에 50퍼센트도 올라!"

B는 순간 여기다 싶었다. 주식 리딩방과 지라시를 참고로 미국 주식 중에서도 변동성이 가장 큰 종목 몇 가지를 선택했다. 그렇게 고른 게 TQQQ*, SOXL**이었다.

● 나스닥100 지수를 추종하는 3배 레버리지 ETF
●● 반도체 지수 3배 레버리지 ETF

시작은 달콤했다. 나스닥은 2022년 1월 중순까지 미친 듯이 올랐다. B의 계좌 잔액은 1억 2000만 원에서 1억 6000만 원이 되었다. 두 달 만에 4000만 원을 번 것이다. B의 눈에 몇 년간 본 적 없었던 빛이 반짝였다. 그는 어머니에게 격양된 목소리로 말했다.

"엄마, 전세금 담보로 우리 2억 원만 더 대출받자. 진짜 인생 바꿀 수 있어."

절대로 안 된다는 어머니와 멱살잡이까지 한 B는 결국 어머니의 인감을 뺏어 전세 대출을 1억 원 더 받았다. 2억 6000만 원의 자금이 모이자 B는 더 과감해졌다. 사실 그 안에 자기 자본은 하나도 없었고 가족 부채, 은행 부채뿐이었다. 하지만 B는 벌써 강남 아파트 열쇠가 눈에 아른거렸다. 친구들을 만나면 목소리가 커지고 씀씀이도 커졌다. 장이 열리지 않는 주말에는 외제차 대리점을 기웃거리며 사장님, 대표님 소리에 취했다.

2022년 2월, 러시아가 우크라이나를 침공했다. TQQQ, SOXL은 순식간에 반토막이 났다. 금리가 인상되고 인플레이션으로 전 세계가 몸살을 앓았다. 파월인지 뭔지가 텔레비전에 나와 알 수 없는 소리만 해댔다. B가 연준이 대체 뭐 하는 곳인지, 스태그플레이션이 뭔지 의아해하는 사이 2억 6000만 원이 순식간에 2억 원으로 줄어들었다. 2주 만에 6000만 원이 날아간 것이다.

사실 최초 자금을 생각하면 B의 본전은 2억 2000만 원이었기 때문에 마이너스 2000만 원이 되었다고 보는 것이 타당했다. 하지만 초보 투자자에게는 제일 꼭대기의 계좌 잔액이 내 자산 규모였다. 내 돈 6000만 원이 2주 만에 증발했다고 생각한 B는 TQQQ보다 더 빨리 돈을 불릴 방법을 고민했다. 그렇게 드디어 선물옵션의 세계로 초대되었다.

2022년 2월 말 대통령 선거를 앞두고 정치 테마주가 기승을 부렸다. B는 당연히 여기에 동참했다. 이름 한 번 못 들어본 주식에 1000만 원, 또 다른 테마주에 1000만 원, 50배짜리 옵션에 300만 원, 10배짜리 옵션에 1000만 원, TQQQ에는 2000만 원… 1억 원이 그렇게 금방이었다. 한 방, 한 방만 걸려라. B가 입에 달고 살던 말이었다.

3월 중순 대선이 끝나고 전쟁은 더 심각해졌다. B의 선물옵션 계좌와 신용 미수를 끌어 쓴 레버리지 계좌는 대부분 청산을 당했다. 3주 전만 해도 2억 원이 있던 계좌에 달랑 2000만 원이 남았다. 그때라도 멈췄어야 했는데 불행하게도 B에게는 돈 나올 구멍이 아직 남아 있었다. 어머니의 아파트 전세금은 총 7억 원이었기 때문에 추가 대출이 가능했다. 그리고 그의 어머니는 외동아들의 눈물을 뿌리칠 정도로 독하지 못했다.

B는 제1금융권과 제2금융권에서 각각 1억 원씩 전세금 담보 대출을 추가로 받았다. 다시 2억 2000만 원의 투자금을 만든 그는 생각했다.

'이번에야말로 승부다. 괜히 한국 주식에 기웃거리지 말고 미장에 올인하자. 아, 물론 알트코인°도 조금 사야지.'

B는 2022년 3월 18일 2억 2000만 원 중 2억 원을 TQQQ에 올인했다. 한 주당 가격은 53달러였다. 3개월이 지난 6월 13일 TQQQ는 23달러까지 폭락했다. 수익률 마이너스 60퍼센트를 찍고 주식 계좌에 8000만 원밖에 남지 않았을 때 B는 어머니의 손에 끌려 준수의 병원에 방문하게 되었다.

과연 B의 투자 습관은 바뀔 수 있을까? 올인이 아닌 분산 투자를 해야 한다, 분할 매수와 장기 투자를 통해 인내심을 배워야 한다 같은 고지식한 말들을 이해할 수 있을까? 그의 욕망이 재미없고 지루한 정석 투자의 길을 참아낼 수 있을까?

준수는 B에게 절대로 추가 대출을 받아서는 안 된다는 것, 아

° 비트코인을 제외한 모든 가상화폐

니 애초에 초보자가 '빚투'*를 하면 안 된다는 것을 한참 설명했다. 리딩방, 지라시를 보고 투자해서는 안 된다는 것, 재무제표를 보지 않고 주식에 투자하는 것은 도박이나 다름없다고 거듭 타일렀다. 주식 중독과 우울증에서 벗어나려면 우선 잘못된 투자 습관부터 바로잡아야 함을 수없이 강조했다.

B의 어머니는 상담 내내 눈물을 흘렸다. B도 준수의 말 한마디 한마디에 고개를 끄덕이며 주먹을 꼭 쥐었다. 한 시간 동안 진심 어린 표정과 예의 바른 자세로 준수의 말을 경청하던 그가 말했다.

"선생님, 오늘 말씀 너무 감사합니다. 진짜 제가 너무 어리석었습니다. 그런데 저… 질문 하나 해도 되겠습니까?"

준수는 인자하게 웃으며 답했다.

"얼마든지요."

B가 침을 꿀꺽 삼키고 목소리를 낮췄다.

"'삼프로TV'에도 나오고 하시던데… 어디서 좋은 정보 들으신 거 없습니까?"

● 빚내서 투자

· · ·

3주 차: 멘털 상태 평가

· 우울증, 불안장애, 공황장애 유무에 관한 자기보고식 설문지의 점수를 확인한다.

· 감정기복과 충동성, 정서 조절에 관한 설문지를 확인한다.

· 불안감을 견디는 능력, 민감도를 평가한다.

· 집중력과 주의력을 평가하고 성인 ADHD 여부를 확인한다.

· 강박증과 집착, 되새김질에 관한 반복적인 패턴을 평가한다.

· 식이 습관, 불면증 유무, 수면 시간과 수면의 질을 평가한다.

· 내과적 상태와 전반적인 건강 상태를 확인한다.

"이 차장님, 오늘 일찍 퇴근하세요?"

모든 직장인이 용수철처럼 의자에서 튀어 오를 금요일 오후 여섯 시, 여의도 H투자증권의 이영준 차장 역시 잽싸게 회사를 나섰다. 늘 늦게까지 야근을 하던 그였지만 오늘은 달랐다. 함께 엘리베이터를 탄 데스크 직원 박상미의 발랄한 목소리에 앞만 바라보고 서 있던 영준은 고개를 돌렸다.

"응, 상미 씨. 뭐, 오늘은 장도 안 좋고 더 있어봤자 투자자들 컴플레인 전화나 오겠지."

"장 대표님하고 통화하셨어요? 전화 여러 번 하셨던데…."

상미가 걱정스러운 목소리로 물었다. 영준이 머리가 지끈거린다는 듯 한숨을 푹 쉬었다.

"하… 했지. 오늘만 세 번 통화했어. 혹시 그분 데스크 직원들한테도 욕하고 막말하고 그래요?"

"네, 마음은 알겠는데 너무 심하세요."

"장 대표한테 작년에 우리가 벌어다 준 돈이 얼만데…. 10억 원 넘게 수익 낼 때는 귤 한 상자 보내놓고 이번에 3000만 원 손해 봤다고 이렇게 들들 볶네."

엘리베이터가 1층에 도착했다. 상미가 안쓰러운 얼굴로 꾸벅 인사를 하며 엘리베이터 밖으로 나갔다.

"얼른 들어가 쉬세요, 차장님."

영준은 손을 들어 상미에게 인사하고 급히 여의도역으로 향했다. 사실 그가 금요일마다 일찍 퇴근하는 이유는 따로 있었다. 정신과 상담이 있어서다. 그가 정신과에 방문한 것은 오늘로 벌써 세 번째다. 사유는 주식 우울증이었다.

영준은 H투자증권의 최연소 차장이었다. 명문대 경제학과와 수학과를 복수 전공하고 여의도에서 이름깨나 날렸다. 인센티브로만 1년에 7억 원을 벌었으니 제법 잘나가는 증권맨이라고 할 수 있었다. 〈매일경제〉, 〈한국경제〉 등 경제지와 인터뷰도 여러 번 했다. 여의도 실적 톱 파이브, H투자증권 에이스 등 그를 수식하는 말들은 많았다.

영준의 고객은 대기업 임원, 상장기업 대표, 용인 땅 부자 등 큰손이 대부분이었다. 그들에게 받아 굴리는 돈이 무려 수백억 원이었다. 그러다 보니 공부밖에 몰랐던 영준의 눈높이와 씀씀이 역시 고급스러워졌다. 가족들과 가벼운 외식을 할 때조차 항상 고급 레스토랑에 갔고 금쪽같은 외동딸에게 온갖 사교육을 시켰다. 그러다 보면 어느새 자기도 부자들만의 세상에 들어왔다는 착각이 들었다. 세상에 두려울 것이 하나 없었다.

장애물 하나 없이 쭉 뻗은 도로를 쌩쌩 달리던 영준의 엔진이 점점 삐거덕거리기 시작한 것은 최근 들어서다. 언젠가부터 그는 이유 없이 초조해졌다. 가만히 있는데 식은땀이 날 때도 있었다. 영준은 집에 빨리 가고 싶은 직장인들이 가득한 만원 지하철에서 간신히 손잡이를 붙잡았다. 평소 같았으면 고급 외제 차를 타고 퇴근했겠지만 상담 시간에 맞춰 구로동까지 가려면 지하철을 타는 게 안전했다.

언제부터 이렇게 초조해졌을까? 영준은 깊은 생각에 잠겼다. 어머니가 다단계 보이스피싱으로 1억 원을 날렸을 때? 딸아이가 키즈 모델 오디션에 나가겠다고 했을 때? 아내가 나 몰래 선물옵션으로 장인어른께 받은 유산을 전부 날렸다는 것을 알게 된 날부터? 영준은 손이 하얘질 정도로 손잡이를 꽉 잡았다.

사실 증권맨으로 살아가면서 스트레스를 전혀 받지 않을 수는 없었다. 유능한 선배들도 하루아침에 무너지고 잠수를 탔다. 영준은 대리 시절 술자리에서 선배에게 들었던 도시 괴담을 떠올렸다.

"어이, 이 대리. 여의도 증권맨 톱 파이브가 왜 매년 바뀌는지 알아?"

"글쎄요, 그만큼 경쟁이 치열해서겠지요?"

"아니야, 그중에 두 명은 매년 옥상에서 뛰어내리거든."

영준에게 이 이야기를 해준 김 선배 역시 몇 년 뒤 빚더미에 앉았다. 김 선배가 매매가만 수십억 원에 달하는 아크로리버파크로 이사한 지 1년밖에 되지 않았을 때였다. 영준의 선배들은 최고가 되려고, 지기 싫어서, 지금 내가 누리던 것들을 포기할 수 없어서 무리하고 선을 넘고 위험한 투자를 했다. 그렇게 스러져가는 선배들을 보면서 영준은 절대 일에만 매달리지 않겠다고 맹세했다. 그리고 선배들이 욕심이 아니라 불안 때문에 무너졌다는 것을 깨달을 즈음 영준 역시 조금씩 무너졌다.

"혹시 어린 시절이나 학교 다닐 때도 이렇게 심한 불안이나 두려움을 느낀 적이 있으셨나요?"

영준의 이야기를 잠자코 듣던 준수가 물었다. 영준은 주식 클리닉에서 왜 이런 것을 물어보는지 의아했다. 하지만 의문과 별개로 머릿속에 자꾸 스멀스멀 옛 생각이 피어났다. 그의 어머니는 항상 1등이 되어야 한다고 강조했다. 영준이 속으로 생각했다.

'미안해, 엄마. 나도 나름 노력했지만 결국 엄마가 바라던 의사나 변호사는 못 되었어.'

영준은 어머니의 바람을 이뤄주지 못했지만 돈은 많이 벌고 싶었다. 그래서 경제학과에 진학했다.

'엄마는 왜 그렇게 돈에 집착하게 되었을까? 아버지가 사업에 실패하고 난 뒤부터?'

영준은 학교에 다녀왔더니 집 구석구석 빨간 딱지가 붙어 있던 어느 날을 떠올렸다. 텔레비전에도 냉장고에도 딱지가 붙어 있었다. 딱지에는 '압류'라고 써 있었다. 그게 구체적으로 무슨 의미인지는 몰라도 무척 나쁜 일이라는 것은 바로 알 수 있었다. 어머니가 소리 내 울기 시작했기 때문이다. 아버지는 한 달이 넘도록 집에 돌아오지 않은 상태였다.

"저는 항상 불안했던 거 같아요, 선생님. 집안을 일으켜야 한다, 어머니를 책임져야 한다는 그런 부담 때문에….'

영준이 회상을 멈추고 준수에게 답했다. 준수가 되물었다.

"왜 어린 영준 씨가 그런 과도한 부담을 모두 짊어져야만 했을까요?'

"사업에 실패하고 집을 나간 아버지는 결국 돌아오지 않았어요. 죽었는지 살았는지도 모르고 지냈죠. 그런데 3년 전에 돈을 빌려달라고 연락이 왔어요. 자기 처자식 버리고 25년이 넘도록 연락 한 번 없던 사람이….'

"많이 원망스러우셨겠군요.'

어린 영준은 항상 불안과 열등감에 시달렸다. 단두대에 오르는 심정으로 수능을 보았다. 결국 명문대에 입학했지만 그것으로 끝이 아니었다. 겨우 취업을 했더니 승진 경쟁이 펼쳐졌다. 실적과 숫자에 운명이 좌우되었다.

영준은 마흔넷이 되어서야 자신의 무의식에 항상 불안이 있음을 깨달았다. 실수하면 안 된다, 회사에서 적을 만들면 안 된다, 인사고과에 마이너스가 될 짓을 하면 안 된다 같은 강박에 자신을 가두었다. 그렇게 '안 돼'라는 말을 입에 달고 살았다.

"영준 씨가 어떤 사람인지, 언제 웃고 언제 행복한 사람인지를 떠올려보세요. 무엇을 싫어하고 어떨 때 상처받는지 같은 것들이요."

영준의 눈에서 갑자기 눈물이 툭 떨어졌다. 지금껏 영준은 다른 사람 앞에서 눈물을 보이는 것을 부끄러운 일로 여겼다. 하지만 막상 눈물을 흘려보니 아무렇지도 않았다. 그는 자신이 누군지도 모른 채 살아왔다. 고급 외제 차, 강남 아파트, 다른 사람의 인정과 명예 같은, 자신이 아닌 다른 누군가가 원하는 것을 이루고자 애쓰면서.

투자를 할 때는 자신의 욕망에 솔직해져야 한다. 자신의 불안과 타인의 불안에 공감하고 이에 대처하는 일이 곧 투자다. 그래서 준수는 환자에게 주식투자를 할 때 종목이나 시장이 아니라 먼저 자기 자신을 분명히 알아야 한다고 강조했다.

주식 우울증을 고치는 방법도 마찬가지였다. 준수는 의사로서 잘못된 투자 습관, 행동을 교정해주는 것도 중요하지만 그에 앞서 환자에 대한 깊은 이해가 선행되어야 한다고 생각했다. 어떤 과거를 갖고 있는지, 트라우마와 열등감, 어린 시절에 겪은 학대와 상처가 현재 행동에 영향을 미치는 것은 아닌지 파악해야 했다.

주식과는 별개로 원래부터 공황장애, 불안장애, 강박증 등을 앓아온 환자의 경우도 있었다. 기질적으로 감정기복이 심하거나 충동적이거나 ADHD* 증상을 가진 환자도 있었다. 이처럼 정신적인 문제뿐만 아니라 그 사람이 가진 내과적, 외과적 문제들이 정서적 상태와 투자에 큰 영향을 미치기도 했다. 가령 준수의 환자 중에는 불면증 때문에 매일을 힘들게 시작하는 사람이 있었다. 그는 주식을 매매할 때도 늘 피곤한 상태였다. 이렇게 전반적인 심리상태와 건강에 관한 통합적인 이해가 선행되어야만 환자의 우울과 불안의 근원에 좀 더 가까이 다가갈 수 있었다.

준수는 영준을 보고 생각했다. 우울증을 치료한다는 것은 그 사람의 인생 가장 깊숙한 곳에 들어가 슬픔을 함께 느끼고 공유하는 작업이라는 것임을.

• 주의력결핍 과다행동장애

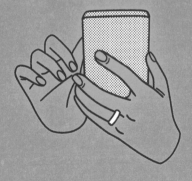

2장

최은비

4주 차: 대인관계·사회직업적 기능 평가

· 가족, 친구, 연인 등 대인관계에 문제가 생기거나 파혼, 이혼 위기에 빠
졌는가?

· 직장에서 지각, 결근, 근무 태만, 횡령 등을 했거나 본업에 집중하지 못
해 감봉, 사직, 해고 위기를 겪고 있는가?

· 주식투자 손실금을 만회하려다 도박, 사기, 보이스피싱 등의 범죄에 연
루되었는가?

· SNS 차단, 카카오톡 나가기, 지인과의 연락 차단 후 잠수 등 사회적으
로 고립되거나 위축되었는가?

"선생님, 정신과 기록은 아무도 볼 수 없는 것 맞죠? 보험사
나 은행에서도 제 진료 기록을 절대 볼 수 없는 거죠?"

오늘은 최은비 씨의 네 번째 상담일. 은비가 준수에게 속삭

였다. 상담실에는 준수와 은비 외에 아무도 없었지만 은비는 누구에게도 자신이 이곳에 왔다는 비밀을 들켜서는 안 된다는 듯 주위를 두리번거렸다.

"처음 오셨을 때도 말씀드렸지만 저희 병원과 제 공인인증서 비밀번호를 해킹하지 않는 한 절대 진료 내역을 볼 수 없습니다. 안심하세요."

"정신과 기록은 보험사나 은행에 다 뜬다고 누가 그래서요."

"고객이 동의할 경우에 한해 진단명과 진단 코드만 확인할 수 있을 뿐입니다. 절대로 상담에서 어떤 이야기를 나누었는지 알 수는 없습니다. 안심하세요, 은비 씨."

준수가 살짝 미소를 지었다. 은비는 무언가를 결심한 것처럼 눈을 질끈 감고 크게 심호흡을 했다. 몇 초 뒤 은비가 천천히 입을 뗐다.

"선생님, 지금부터 제가 하는 말은 정말 꼭 비밀로 해주셔야 해요."

"정신과 상담의 모든 내용은 완벽하게 비밀이에요."

"저는 은행에서 대출 업무를 맡고 있는데요. 남자친구가 저에게… 횡령을 하라고 시켜요."

S은행 6년 차 대리 은비는 자신이 아니라 남자친구 김재혁

씨의 문제로 준수의 클리닉에 다니고 있다. 첫 번째 상담에는 두 사람이 같이 방문했다. 재혁은 주식 중독과 우울증의 전형적인 모습을 보이고 있었다. 극단적인 도파민형, 도박형 투자자인 재혁은 많은 환자가 그렇듯 자신의 문제를 전혀 인지하지 못하고 있었다.

첫 번째 상담일 준수의 병원에 들어서며 재혁은 은비에게 이렇게 말했다.

"야, 됐지? 난 약속 지켰다! 이제 돈 빌려줘."

억지로 끌려온 티를 온몸으로 내면서 시종일관 건성으로 상담 전 설문에 임하던 재혁은 결국 대기실에서 은비와 고성을 지르며 다투었다. 간호사들이 둘을 뜯어말려 겨우 상담을 시작할 수 있었다. 준수가 주식과 코인 투자로 총 얼마를 잃었는지 물었더니 재혁은 자존심이 상했는지 무척 불쾌해했다.

"하루에 1억 원 번 적도 있고 2억 원 잃은 적도 있어요. 왜요? 선생님은 얼마나 버는데요? 연봉이 얼만데요?"

준수는 동요하지 않고 재혁에게 주식투자를 할 때 어디서 정보를 얻는지 물었다. 전문가의 분석을 참고하는지 물어봤더니 그는 이렇게 답했다.

"주식에 전문가가 어딨어요? 다 운발이지."

재혁의 답을 메모하던 준수가 추가 질문을 했다.

"왜 주식투자에서 반복적으로 손실을 보고 있다고 생각하시나요?"

"동훈이 씹새끼… 아, 욕해서 죄송합니다. 친구 새끼가 잘못된 정보를 줘서요. 아, 그 지라시 카톡방이 문제예요. 역시 공짜방은 안 돼. 지금 새로 들어간 데는 VVIP 유료 방이라 확실해요. 진짜예요. 완전 1티어들만 모였다니까요? 그런데 총알이 없네. 선생님이 은비 좀 설득해주세요. 진짜 수익률 300퍼센트 확실합니다. 얘가 믿지를 않는다니까요?"

"혹시 재무제표 분석이나 회계 공부를 따로 하시나요?"

"그런 건 시간 낭비예요. 은비도 저한테 맨날 그런 이야기하는데 제 주변에 경제학과 나온 애들 진짜 많거든요? 그 애들 주식 계좌 전부 반토막 났어요. 회계, 분석 다 소용없어요. 흐름을 읽을 줄 알아야죠."

준수의 예상대로 재혁은 2주 차부터 클리닉에 오지 않았다. 은비 얼굴에 그늘이 더욱 짙어졌다.

은비와 재혁은 만난 지 벌써 10년이 되었다. 오랜 시간 재혁과 함께하며 은비는 재혁에 관해 모르는 것이 없다고 확신했다. 하지만 최근 들어 그 확신이 사실 착각은 아니었는지 의심되었다. 언젠가부터 재혁의 충혈된 눈은 초점을 잃었다. 늘 달콤한 사랑의 말을 속삭이던 그의 입은 3분에 한 번씩 "씨발"을 내뱉었다. 욕 한 번 할 줄 모르고 제대로 화낼 줄도 모르던, 머리를 긁적이며 수수한 미소를 짓던 남자친구에게 생긴 갑작스러운 변화가 은비는 너무 낯설었다.

원래 재혁은 공무원 시험을 준비했다. 대학을 졸업하자마자 일찌감치 은행에 취업한 은비는 행복한 가정을 이룰 날을 꿈꾸며 수험생 남자친구를 뒷바라지했다. 재혁은 자신의 공부 때문에 은비와 제대로 된 데이트를 하지 못하는 것을 진심으로 미안해했다. 은비는 그런 남자친구의 애틋한 마음이 고마워 그에게 더 잘해주고 싶었다. 재혁이 시험에 합격만 하면 모든 것이 좋아질 것이라고 기대했다.

탄탄대로 같아 보였던 둘의 미래에 조금씩 균열이 생긴 것은 재혁이 주식투자를 시작한 뒤부터였다. 차라리 처음부터 돈을 잃었다면 얼마나 좋았을까? 어느 날 초심자의 행운으로 몇백만 원 정도 투자 수익을 낸 재혁은 수험 생활을 아예 접겠다고 선언했다. 은비는 남자친구의 파격적인 발표에 놀라 앉은 자리에서 펄쩍 튀어 올랐다.

"취업 포기하고 주식투자에 올인한다고? 그게 말이 돼?"

"아무 걱정 마, 은비야. 오빠가 다 생각이 있어. 이렇게만 하면 우리 은비 샤넬 가방도 사주고 강남에 신혼집도 얻어줄 수 있어."

"주식 그거 아무나 하는 거 아니라던데. 예전에 우리 부모님도 많이 손해 보셨고…."

은비의 걱정에 재혁의 표정이 순식간에 굳었다.

"아무나? 내가 아무나야? 또 나 무시하는 거야? 너 그깟 은행 다닌다고?"

"그 말이 아니잖아. 내 말은…"

"씨발, 그만하라고!"

그날로 재혁은 전업 투자자, 데이 트레이더를 운운하며 모니터를 두 대 더 구입했다. 그리고 점점 집에서 나오지 않기 시작했다.

두세 달쯤 지났을까, 재혁은 어느 날 대학교 동창과 돈 문제로 크게 다투었다. 그 후 카카오톡과 SNS를 탈퇴했다가 며칠 뒤 다시 가입하는 일이 잦아졌다. 그런 그를 보며 은비는 'SNS를 안 하면 여자들이랑 연락할 일도 없겠네'라고 생각했다.

재혁은 방 안의 쓰레기를 치우지 않고 수염도 깎지 않은 채 밤을 자주 새웠다. 오전 9시부터 오후 3시 30분까지는 한국 주식, 오후 3시 30분부터 밤 10시 30분까지는 가상화폐, 밤 10시 30분부터 새벽 4시 30분까지는 미국 주식에 투자했다. 그렇게 하루에 스무 시간 정도를 방구석에 처박혀 모니터와 스마트폰, 아이패드만 들여다보았다.

재혁은 가족들과 몇 번 고성, 욕설을 주고받은 후 연락을 끊었다. 통화가 끝날 즈음엔 화를 참지 못하고 스마트폰을 벽에 던져 그의 삼성 갤럭시 S20의 액정에는 항상 금이 가 있었다. 깨진 액정을 수리하러 A/S 센터에 방문할 때마다 그는 직원들에게 소리를 지르고 짜증을 냈다. 누가 봐도 억지를 쓰는 것은 그였다. 사실 재혁은 서비스에 불만이 있어서가 아니라 삼성전자 주식을 사고 손실을 본 것을 분풀이하고 싶어 A/S 센터 직원들에게 화를 냈다. 은비는 그런 재혁을 보며 '이렇게 튼튼한 스마트폰을 만들고 A/S도 잘해주는데 삼성전자 주식은 왜 자꾸 떨어질까' 생각했다.

두 번째 상담 날 은비의 이런저런 이야기를 듣던 준수가 은비에게 물었다.

"남자친구가 은비 씨에게 지금까지 빌린 돈이 총 얼마쯤 되나요?"

은비는 곰곰이 기억을 더듬어보았다. 우선 4700만 원. 6년 동안 은행에서 고객에게 온갖 모욕과 성희롱을 참아가며 모은 피 같은 예금과 적금이었다. 거기에 재혁은 은비가 차곡차곡 모아온 보험 납입금까지 탈탈 털어갔다. 여기서 멈췄다면 그나마 괜찮았을지도 모른다. 재혁은 은비의 이름으로 신용대출을 3000만 원이나 받았다. 은비가 부모님께 결혼 준비 자금으로 빌린 돈 3000만 원까지 고스란히 남자친구의 투자금이 되었다. 그렇게 총 1억 원 넘는 돈이 모래성처럼 사라졌다.

결정적으로 재혁이 망가지기 시작한 것은 그놈의 유료 리딩방 때문이었다. 재혁의 스마트폰에는 항상 이런 메시지가 왔다.

'C하이텍, 세력 유입 시작. 내일 9시부터 상한가 갑니다. 최소 3연상.'

'D제약, 코로나 관련 수혜주. 어제 말씀드렸죠? 80퍼센트 수익 보장합니다.'

재혁은 투자 정보를 얻기 위해 각종 유료 단체 카톡방, 유료 텔레그램방, 상따* 방 등에 가입했다. 그곳의 방장들은 누가 봐도 사기가 분명한 내용을 투자 정보랍시고 뿌리고 한 달에 50만 원씩이나 수수료를 요구했다. 재혁은 유료방의 지시에 따랐다

---

* 상한가 따라잡기

상한가를 두세 번 경험한 뒤로 하느님보다 방장의 말을 더 신뢰하기 시작했다. 재혁에게 유료 리딩방은 거의 종교였다. 사실 틀린 정보가 100개는 더 많았지만 말이다.

두 번째 상담을 한 날도 은비는 재혁의 자취방에 들렀다. 눈이 벌게져 각종 유료 리딩방을 들여다보던 재혁의 거북목을 째려보며 준수의 말을 떠올렸다. 인간의 해마체는 자기가 기억하고 싶은 기억만 취사선택해서 저장하려는 성향이 있다고. 분노, 불안, 두려움 같은 감정은 무의식적으로 잊어버리고 회피하고 싶은 방어 기전이 존재한다고.

재혁의 집에 쌓인 뜯어 보지도 않은 대출 독촉장, 밀린 공과금 고지서를 무기력하게 바라보던 은비에게 재혁이 말했다.

"야, 최은비. 나 진짜 마지막으로 1000만 원만 더 빌려줘. 이번엔 진짜 확실해. 지금까지 손해 본 거 다 복구할 수 있어."

도대체 왜 오빠는 나한테 자꾸 돈 이야기를 할까? 은비는 네 가지 가설을 생각해봤다. 첫째, 나를 ATM으로 생각한다. 둘째, 제2금융권 대출 한도까지 이미 다 빌려 쓴 상태다. 셋째, 나한테 빌리면 무이자니까. 그리고 넷째는… 생각하고 싶지도 않았다. 울컥 화가 난 은비가 재혁에게 쏘아붙였다.

"내 이름으로 대출까지 받아놓고 그 말이 나와? 오빠가 사람이야? 우리 부모님 돈까지 빌렸잖아! 이제 진짜 없어! 먹고 죽으려고 해도 없어!"

"진짜 확실하다니까. 나 좀 믿어봐, 마지막으로! 우리 다시 돈 복구해서 결혼해야지."

은비의 눈에 눈물이 그렁그렁 맺혔다.

"오빠 우리 그러지 말고 병원 다시 가보자, 응? 한 번만 다시 가보자."

"야, 최은비. 씨발, 내가 만만해? 내가 정신병자야?"

"오빠, 제발 상담받으러 가자. 부탁이야…."

은비의 애원에도 재혁의 태도는 흔들리지 않았다. 은비는 재혁의 오른팔을 꼭 붙잡았다. 재혁은 그대로 앉아 다리 한쪽을 덜덜 떨며 고지서 더미를 응시했다. 몇 분 뒤 재혁이 무언가 결심했다는 듯 은비에게 낮은 목소리로 말했다.

"야, 너네 부지점장이랑 팀장 이번에 둘 다 일주일간 휴가 간댔지."

은비가 코를 훌쩍이며 갑자기 왜 그런 것을 묻느냐는 얼굴로 남자친구를 바라봤다.

"딱 3일이면 돼. 너희 은행 돈 오빠한테 좀 빼서 보내줘. 아무도 모를 거야."

"최 대리, 요새 분위기 알지?"

S은행 구로점의 부지점장이 은비에게 심각한 목소리로 물었다. 네 평 남짓의 부지점장실 책상에는 난초 화분 세 개가 나란히 올려져 있었다. 은비는 물끄러미 난초 이파리를 바라보았다. 속으로 '네, 알죠. 어떤 미친놈이 30억 원이나 횡령해서 우리 은행 이름이 뉴스에 매일 나오잖아요'라고 답하면서. 부지점장이 인상을 잔뜩 찌푸리며 말을 이었다.

"신입들 교육도 좀 신경 쓰고 알아서 좀 해. 이번 달 카드 가입 실적 업무고과 반영되니까 잘 챙기고. 이번 달 우리 지점 매출 심각하다 진짜."

'너나 잘하세요, 부지점장 놈아. 매일 골프만 쳐서 난 네가 골프선수인 줄 알았다'라는 말이 목구멍 끝까지 차올랐지만 은비는 꾹 참았다. 공손한 자세로 서 있는 은비를 보고 부지점장은 탐탁지 않다는 듯 고개를 절레절레 젓더니 나가보라는 손짓을 했다. 몸을 돌려 문을 여는 은비의 뒤통수에 대고 부지점장이 이야기했다.

"오늘 회식 있다. 신입 중에 빠지는 사람 없게 미리 챙겨!"

코로나19가 한창 기승을 부릴 때는 회식이라도 없었는데 잠잠해진 요새는 영 죽을 맛이었다. 부지점장실에서 잔뜩 털리고 나오니 사내 메신저에 메시지가 60개나 쌓여 있었다. 은비는 보는 사람이 없는지 주위를 살짝 돌아보고 스크롤을 내려 밀린 메시지를 읽었다.

김윤진 대리　야야, 그거 누가 그런 거래? 아는 사람?

이민영 대리　최소한 우리 지점은 아니야.

김윤진 대리　왜? 또 모르지?

이민영 대리　그럴 배짱 있는 인간이 없어.

김윤진 대리　인정.

박지선 대리　야, 그거 목동 지점 서 팀장이라던데?

김윤진 대리　진짜? 확실해?

이민영 대리　네가 어떻게 알아? 아니면 치킨 쏘는 거?

김윤진 대리　근데 그 돈으로 뭐 했을까? 어디 몰래 숨겨놨을까?

이민영 대리　숨기긴… 금감원이 바보냐? 금방 들통나는데. 100퍼센트 주식 아니면 비트코인이야.

김윤진 대리　왜? 이번에 다른 은행에서 50억 원 횡령한 것도 몇 개월 지나서 알았다며.

박지선 대리   그건 부지점장이랑 팀장 둘, 이렇게 세 명이 짜고 한 거래. 걔들도 주식했다더라, 선물옵션.

김윤진 대리   선물옵션? 그게 뭔데?

이민영 대리   야, 넌 은행 다니는 애가 옵션을 모르니? 그 주식인데 도박 같은 거 있어. 그거 하면 몇 배로 불리든가 아님 쪽박이래.

김윤진 대리   그런 게 있어? 와… 맨정신에 그런 걸 어떻게 하나? 50억 원을 다 거기 부었다고?

이민영 대리   맨정신이면 횡령을 했겠니.

박지선 대리   아니래, 비트코인 선물 했다던데?

김윤진 대리   그건 또 뭐니. 세상이 미쳤다, 미쳤어. 야, 근데 넌 그런 걸 어떻게 다 아냐?

이민영 대리   쟤 전 남친이 주식이랑 코인 하다 돈 다 날렸잖아.

박지선 대리   말도 마, 그 새끼.

이민영 대리   너 돈도 빌려줬다며. 받았어?

박지선 대리   잠수 탄 새끼가 갚았겠냐? 암튼 우리 은행도 100퍼센트 비트코인 아니면 주식이야. 한 일주일만 횡령해서 두 배로 불리려고 한 거지.

친한 입사 동기 넷이 모여 있는 단체 대화방이었다. 은비는

지선의 이야기가 남 일 같지 않았다. 대화에 끼어들려고 키보드를 만지작거리는데 카톡, 하고 은비의 스마트폰 알림이 울렸다. 은비는 황급히 무음 모드로 바꾸고 카카오톡을 확인했다. 재혁이었다.

'은비야, 오빠가 정말 급해서 그러는데… 지난번에 한 이야기 생각해봤어? 진짜 딱 3일, 아니 5일만 쓰고 돌려줄게.'

안 그래도 뒤숭숭한 시기에 누가 볼세라 은비는 주변을 두리번거리며 답장을 보냈다.

'말이 되는 소리를 해, 오빠. 나 은행 잘리면 책임질 거야? 나보고 범죄자 되라고?'

'3일만 있으면 너한테 빌린 돈이랑 다른 빚 전부 갚을 수 있어. 진짜 확실한 정보야.'

'누가 그래? 누가? 맨날 게임하고 토토 하는 오빠 친구들? 그걸 믿으라고?'

'이번에는 진짜야. 오늘 바로 추매해야 해. 내일 상한가 갈 거라고 떴어.'

아직도 진짜 확실한 주식이 존재한다고 믿는다니. 은비는 중학생만도 못한 놈을 벌써 10년째 남자친구라고 사귀고 있는 자신이 한심하게 느껴졌다. 상한가가 누구 집 개 이름이냐, 하고 은비는 조용히 중얼거렸다.

'오빠, 이건 진짜 아니야. 자기 여자친구에게 횡령을 하라고 하는 사람이 어딨어.'

'은비야, 이건 범죄가 아니라 그냥 잠깐, 아주 잠깐 빌리는 거야. 아무도 모를 거야. 내가 나 좋자고 이래? 빨리 우리 돈 모아서 집 사야지. 이번엔 진짜 확실해. 상한가 아니 최소 3연상은 간대.'

'오빠.'

'응?'

'그 회사 뭐 하는 회사야? 실적은 어때? 시가총액은?'

'야, 그런 게 뭐가 중요해. 돈만 벌면 그만이지.'

'코스닥인지 코스피인지는 알아?'

'지금 그게 문제가 아니라니까! 3시 30분 전까지 빨리 돈 넣어야 해 줄 수 있어, 없어?'

은비는 숨이 턱 막혔다.

. . .

은비의 남자친구가 처음부터 이런 사람은 아니었다. 둘이 처음 만났을 때 은비는 12학번 신입생이었고 재혁은 과대표였다. 잘생기고 키도 크고 운동도 잘하고 다정한 그를 과에서 좋아하지 않는 사람이 없었다. 선후배는 물론이고 교수님까지 모두 그를 좋아했다. 은비의 동기 중에서만 다섯 명이 그를 짝사랑했다.

어느 날 과에서 가장 인기가 많았던 서현이 재혁에게 고백을 했다 차였다는 소문이 돌았다. 소식을 들은 사람들은 모두 재혁이 제정신이 아니었을 것이라고 수근댔다. 그런데 놀랍게도 바로 그다음 날인 2012년 5월 14일, 재혁은 은비에게 여자친구가 되어달라고 이야기했다.

은비는 자신의 인생이 2012년 5월 14일에 고점을 찍고 롤러코스터처럼 점점 추락하고 있다고 생각했다. 어디서부터 잘못된 것일까 돌이켜보았다. 재혁이 5년째 공무원 시험에서 합격하지 못했을 때? 자기 몰래 인터넷 도박, 불법 토토를 하고 있다는 사실을 알았을 때? 차라리 처음 만난 날로 돌아가 이 사람과 아예 시작하지 말았어야 했다는 후회도 들었다.

처음 연애를 시작했을 때 둘은 눈만 봐도 서로가 원하는 것을 알아챌 수 있었다. 가족보다 나 자신보다 내 마음을 더 잘 이해하고 공감해주는 소울메이트라고 생각했다. 하지만 지금은 달랐다. 마음을 알아채긴커녕 제대로 대화하는 일도 드물었다.

재혁은 은비의 눈이 아닌 주식 차트만을 바라보았다.

퇴근하고 재혁의 자취방에 온 은비는 목을 빼고 모니터를 뚫어져라 쳐다보는 재혁에게 물었다.

"다음 주 토요일에 은혜 결혼식 같이 갈 거지?"

한 달 전 은비는 대학 동기 장은혜에게 청첩장을 받았다. 학생일 때 은혜 커플과 은비 커플은 종종 더블 데이트를 했다. 하지만 재혁이 고시 공부를 시작하고 나서는 은비만 모임에 나갔다. 재혁이 옆구리를 벅벅 긁으며 답했다.

"응… 어디서 한댔지?"

"S호텔."

"돈지랄하네. 돈이 썩어나? 두 시간도 안 할 결혼식에… 그거 다 허세야."

"걔네 부부는 여유가 되니까 허세는 아니지. 신혼집도 방배동 자가라던데."

아무 생각 없이 대꾸한 은비는 아차 싶었다.

"야. 최은비. 너도 취집하고 싶냐? 너도 김치녀야? 내가 딴 남자랑 비교하지 말랬지. 그게 얼마나 사람 미치게 하는 건 줄 알아? 씨발, 진짜 코로나 테마주에 몰빵만 안 했어도…."

은비는 아무 말도 하지 않고 먼지가 굴러다니는 방바닥을 바라보았다. 재혁이 격양된 목소리로 말을 이었다.

"야, 내가 이렇게 주식에 올인하는 것도 따지고 보면 다 너 때문이야. 맨날 결혼, 결혼. 넌 뭐 시집 못 가서 환장했어? 그렇게 결혼하고 싶음 네가 아파트를 사 오든지."

은비는 모든 것이 너무 한심하게 느껴졌다. 남자친구도, 그를 떠나지 못하는 자신도. 더 이상 말을 섞기 싫어 가만히 있는 은비에게 재혁이 시비조로 말했다.

"야, 너 내 말이 말 같지 않아? 왜 멍 때려?"

"…미안해, 오빠."

"됐다, 됐어. 내가 너랑 무슨 이야기를 하겠냐. 은행에서 6년이나 일했다는 애가 주식을 알기를 해, 투자를 알기를 해. 이래서 지잡대 졸업한 애들하곤 말이 안 통한다니까."

"지잡대란 말 쓰지 말랬지? 우리 같은 학교 나왔어."

"헐, 현실 부정 오졌고요. 응, 아니야. 난 편입해서 K대 졸업장 받았고요. 석사도 K대고요."

K대 졸업장과 석사 학위는 서른넷 백수 재혁의 유일한 자랑거리였다. 2014년 지방에 있는 대학교를 졸업해봤자 취업하기 어렵다는 주변의 말에 불안해진 그는 기어이 서울의 K대로 편입에 성공했다. 합격 소식을 들은 은비는 뛸 듯이 기뻤다.

K대를 졸업한 재혁은 중견 기업 몇 군데에 합격했지만 대기업이 아니라는 이유로, 연봉이 6000만 원도 안 된다는 이유로 모두 입사를 거절했다. 그의 말대로 고작 '지잡대 출신'인 은비가 S은행 정규직 공개 채용에 합격했을 때 재혁은 씁쓸한 표정을 숨길 수 없었다. 이후 K대 동기들에게 스타트업 동업을 제안받았지만 재혁은 창업은 위험하다며 거절했다. 석사 학위를 따고 지방 대학에서 강사 자리를 제안받았을 땐 남자의 야망 운운하며 거절했다.

이도 저도 아닌 시간이 흘러가고 그는 노량진이 아닌 안암동 자취방에서 고시 공부를 시작했다. 재수, 삼수, 사수까지 하면서도 모의고사에서 한 번도 평균 40점을 넘기지 못했다. 그만큼 준비가 부족했지만 그는 절대 7급 공무원보다 쉬운 시험에는 도전하지 않았다.

은비는 재혁의 말대로 시부모에게 강남 아파트를 공동명의로 선물받고 호텔에서 결혼식을 올리는 동창을 부러워하는 자신이 잘못된 것일지도 모른다는 생각을 했다. 그런 기대를 품은 것만으로 취집이니 김치녀니 비난을 받는 것이 억울하기도 했지만 재혁의 비난에 길들여진 은비는 그렇게 생각하고 마는 것이 차라리 편했다.

그렇게 10년이 지났다. 그래, 다른 남자들은 유흥업소도 다니고 바람도 피운다고 하던데 내 남자친구는 양반이지. 주식 중독은 고치면 되니까. 이제 와서 재혁과 헤어질 생각을 하니 은비는 모든 게 막막했다. 내 20대는 어떻게 되는 것일까? 소개팅한 번 해본 적 없는 내가 남자를 다시 만날 수 있을까? 우리가 그동안 쌓아온 추억은? 그들이 같이 보낸 계절만 40개였다. 명절에 재혁이 밥을 먹으러 들르면 예비 사위 왔다고 좋아하던 엄마의 얼굴이 아른거렸다.

은비의 눈에 재혁은 주식 창이 바쁘게 돌아가는 모니터 세개가 놓인 책상 앞에 뿌리를 내린 썩은 나무처럼 보였다. 바퀴가 세 개 달린 컴퓨터 의자는 어느새 그와 완벽한 한 몸이 된 것같았다. 은비는 자신이 담배 냄새로 찌든 재혁의 자취방을 영원히 벗어날 수 없을 것이라는 생각이 들었다.

· · ·

금요일 저녁이지만 은비는 데이트는커녕 자기 방에 틀어박혀 있었다. 치킨과 맥주를 배달했지만 입맛이 없어 손도 대지않았다. 재혁과 제대로 된 데이트를 하지 않은 지 벌써 몇 년이 되었다. 외로움에 몸부림치던 은비는 동호회라도 가입할 요량으로 카카오톡을 뒤적거렸다.

은비는 주식도 할 줄 모른다고 비아냥거리던 재혁의 목소리가 떠올랐다.

'내가 주식투자를 좀 공부하면 오빠에게 도움을 줄 수 있지 않을까?'

은비는 카카오톡 오픈 채팅방 검색창에 '주식'을 검색해보았다. 수많은 검색 결과가 나왔다. 목록을 쭉 내리던 은비의 눈에 '구로동 주식 클럽'이 들어왔다.

구로동 주식 클럽에 들어와 있는 사람은 고작 네 명이었다. 오히려 은비는 그 점이 마음에 들었다. 평소 멀티태스킹에 약한 은비는 단체 카톡방에 쉴 새 없이 메시지가 쌓이는 것을 볼 때마다 멀미가 났다. 채팅방 이름을 클릭하니 대화명을 입력하는 창이 떴다.

주식 클럽이니 워런 버핏 같은 대화명을 골라야 할까? 은비는 순간 진지하게 고민했다. 어차피 익명인데 뭐, 하고 순간 생각나는 닉네임을 입력했다.

'러시앤머니.'

그렇게 은비가 오픈 채팅방에 입장하자마자 메시지가 화면에 떠올랐다.

혜진공주   오, 드디어 오셨구려! 러시앤머니 님, 구주 클럽에 오신 걸
         환영하오.

구주? 기쁘다 구주 오셨네? 돈 날린 사람들의 구세주? 이런
저런 생각을 하던 은비는 곧 구주 클럽이 구로동 주식 클럽의
약자라는 것을 깨달았다.

박스터   이제 다섯 명 찼네요. 비밀번호 걸죠.

부자곰   반갑습니다, 러시앤머니 님. 저희가 멤버를 선착순으로 딱
         다섯 명만 받기로 정했거든요. 저는 이 방의 운영자 부자곰
         입니다.

러시앤머니 반갑습니다, 여러분. 뭔가 얼떨떨하네요. 반겨주셔서 감사
          해요!

마석도   반가.

박스터   비번은 무엇으로 할까요? 사실 제가 생각해둔 게 있는데
         0915 어떻습니까?

혜진공주   9월 15일?

박스터   아뇨, 주식 장이 9시에 시작해서 3시쯤 끝나니까….

마석도   3시 30분에 끝나는디?

박스터   아이, 형님! 그냥 대충요.

부자곰   아유, 아무렴 어떻습니까? 좋네요, 0915! 이제 저희 구주
           클럽의 수칙을 정해봅시다!

러시앤머니   음, 수칙이라뇨?

혜진공주   모임이나 동아리처럼 간단한 규칙이 있는 게 어떨까 이야
           기하는 중이었소.

박스터   좀 뭐랄까, 특별한 의미를 부여하는 느낌으로다가…. 왠지
           그런 게 있어야 이 모임이 오래 갈 거 같아서요.

부자곰   익명 채팅방이고 서로 나이도 얼굴도 모르지만 그래도 최
           소한의 규칙은 있어야 존중받고 배려할 수 있지 않을까 싶
           기도 하고요.

마석도   재밌으니까.

박스터   그렇죠, 결국 재미죠! 우리 다섯 명이니까 수칙을 하나씩 만
           들어서 총 다섯 개로 합시다.

혜진공주   좋소!

부자곰   박스터 님 의견에 동의합니다!

러시앤머니   저도 좋아요.

마석도   콜.

은비는 어떤 규칙을 이야기할지 고민하며 다 식은 치킨을 한 조각 집어 먹었다. 다들 같은 고민을 하는지 몇 초간 정적이 흘렀다.

부자곰   그럼 제가 먼저 하겠습니다. 제1항, 서로의 사생활에 지나

              치게 간섭하지 말 것. 평가하지도 비난하지도 말 것. 즉, 잔

              소리 금지, 조언 금지! 어떻습니까?

박스터   좋습니다. 잔소리 극혐! 평가질 극혐!

혜진공주   본인도 좋소.

러시앤머니   네, 저도 좋아요.

마석도   콜.

이런 분위기구나. 은비는 고개를 끄덕이며 자세를 고쳐 앉았다. 곧 또 다른 메시지가 화면에 떠올랐다.

혜진공주   두 번째는 이거 어떤가 싶소. 제2항, 성별도 나이도 연락처

              도 묻지 않는다.

부자곰	좋네요. 그게 더 편하게 대화할 수 있을 것 같고.
러시앤머니	네 분은 벌써 자기소개하신 거 아니에요?
박스터	노노, 러시 님. 저희 전혀 모르는 사람들입니다. 남자인지 여자인지도 몰라요.
마석도	콜.

은비의 머릿속에 번뜩 세 번째 규칙이 떠올랐다. 은비는 다른 사람이 아이디어를 채가기 전에 재빨리 메시지를 입력했다.

러시앤머니	음, 그러면 세 번째는 '오프라인에서는 절대 만나지 않는다' 어떤가요? 이왕 익명이면 아예 확실하게.
박스터	아, 그럼 정모를 못 하는데 아쉽지 않아요? 친해지면 만나서 이야기하고 싶어질 텐데.
부자곰	음… 혜진공주 님 생각은?
혜진공주	박스터 님 말대로 아쉬울 수도 있지만 뭔가 비밀스러워서 끌리네요, 온라인 한정 모임.
러시앤머니	혜진공주 님 왜 말투가 바뀌셨어요? 아저씨 말투였는데.
혜진공주	컨셉이었소.
부자곰	저희 말투 계속 바뀌어요. 사투리도 썼다가 아재 말투도 썼

다가. 마석도 님도 오케이?

마석도　콜.

뭘 하는 사람인지도 모르고 얼굴 한 번 본 적 없는 사람들이었지만 은비는 왠지 모르게 편안한 느낌이 들었다. 신기했다. 어쩌면 앞으로도 계속 서로의 정체를 모르는 게 좋을 것 같다고 생각했다. 목적도 의도도 없는 시시콜콜한 대화를 해본 지가 얼마 만인지. 은비의 입가에 옅은 미소가 떠올랐다.

박스터　그럼 4항은 제가 정할게요! 절대로 클럽 멤버의 이야기나 비밀을 외부에 발설하지 않는다. 이런 거 하나쯤 있어야 프라이빗해지겠죠?

러시앤머니　좋아요, 근데 규칙을 어기면 어떻게 되나요?

마석도　사형.

혜진공주　아ㅋㅋㅋ 마석도 님 진지하시니 너무 웃겨요.

마석도　농담 아닌데.

박스터　아놔. ㅋㅋㅋ

부자곰　사형보다는 강퇴가 맞을 거 같은데… 사실 저희 구로동 주식 클럽은 딱 다섯 명으로 운영하기로 한 거라 한 명이 강퇴되면 자동으로 클럽이 해체되겠네요.

러시앤머니   아, 그렇게 말씀하시니 왠지 무섭소.

박스터   ㅋㅋㅋ 금방 적응하시네요, 러시 님!

혜진공주   한 명이 룰을 어기면 클럽이 해체된다. 뭔가 부담되는데 더

            의미 있네요. 소속감이나 책임감, 그런 것도 나름 생기는

            거 같고.

러시앤머니   좋네요, 소속감.

부자곰   저도 찬성입니다. 여기서 나온 말들은 여기서 끝. 절대 밖

            에서 언급하시면 안 됩니다!

마석도   사형.

러시앤머니   ㅋㅋㅋ 마석도 님 최고.

혜진공주   자, 그럼 마석도 님이 마지막?

박스터   구주 클럽 규칙 제5항을 정해주시죠!

러시앤머니   두구두구두구…!

은비는 어느새 재미있는 영화라도 보는 듯 채팅에 푹 빠져들
었다. 마석도가 타자를 치는 찰나가 영겁처럼 느껴졌다.

마석도   제5항, 멤버가 정말 심각한 위기에 빠졌을 땐 모두가 나서

서 돕는다.

부자곰	오…
혜진공주	오…
박스터	오… 나 지금 감동받았어.
러시앤머니	찐감동. 마석도 님 반했어요.
부자곰	그러면 앞선 네 조항을 다 뒤집는 건데 괜찮으시겠어요?
마석도	정말로 심각할 때만.
박스터	그럼 그날이 우리의 첫 정모가 되겠네요.
러시앤머니	이 중 한 사람이 심각한 위기에 빠진 날이 우리의 첫 만남이라니. 뭔가 복잡하기도 하고 든든하기도 하네요.
혜진공주	모입시다, 그날은. 누구보다 빨리 와서 힘이 되어줍시다.
부자곰	그럼 다 동의하신 걸로 알고 이렇게 결정하겠습니다. 하나라도 규칙을 어기면 구주 클럽은 자동 해체되는 겁니다!
박스터	철저히 엄수하겠습니다!
러시앤머니	잘 지키겠습니다!
마석도	땅땅.

신기하고 이상하지만 재밌고 따듯한 사람들이 모인 구주 클럽. 은비는 평일 저녁 9시마다 이들과 대화를 나눴다. 그때만큼

은 재혁도 회사도 다 잊을 수 있었다. 하루에 딱 한 시간, 서로의 일상을 방해하지 않을 정도의 대화였다. 주말은 왜 안 하냐고? 주말엔 주식 장이 쉬기 때문이다.

< Group

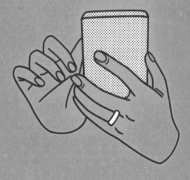

3장

부자곰

박스터	님들, 반갑습니다! 아, 오늘 장 진짜 너무하지 않았어요? 완전 선 넘었지, 인정?
러시앤머니	킹정이지.
혜진공주	킹정?
부자곰	킹정이 뭐죠? 왠지 이거 아저씨들만 못 알아듣는 단어 같은데….
박스터	완전 인정한다, 그런 뜻이에요.
러시앤머니	아, 이렇게 나이가 밝혀지나요? 세대 차이. ㅋㅋㅋ
박스터	어? 그러는 러시 님도 20대는 아니지 않나요? 왠지 느낌적인 느낌이.
러시앤머니	와, 박스터 님 선 넘으시네. 저 스물아홉이거든요? 안 그래도 오늘 회사 일로 빡치는데.
혜진공주	전 40대예요, 충분히 젊으십니다들.

마석도	워워.
박스터	왜요, 마석도 님?
부자곰	나이 이야기를 그만하라는 뜻이 아닐까요?
러시앤머니	전 궁금한데. 딱 나이만 아는 정도라면 사생활 간섭도 아니잖아요?
부자곰	음, 나이나 직업 같은 걸 전혀 몰라야 우리가 더 편히 대화할 수 있지 않을까요? 서로 격식이나 예의 차릴 거 없이 솔직하게. 예를 들어 제가 사실 60대 후반이라고 하면 아무래도 좀 거리감이 생기고 어려워지잖아요. 그래서 그러시는 거죠, 마석도 님?
마석도	굳.
혜진공주	그런데 진짜 오늘도 살벌하게 떨어졌네요, 정말.
러시앤머니	2022년에 전쟁이라뇨. 실화입니까?
부자곰	삼성전자 오늘 종가 7만 500원인데… 이러다 7만 원 깨지는 거 아닐까요?
박스터	설마요. 그러면 진짜 큰일 납니다. 저 평단 9만 원이란 말이에요, 엉엉.
러시앤머니	저도 8만 원 후반이요, 엉엉.
혜진공주	제가 듣기론 6만 원 초반까지 떨어질 가능성도 있다고….

박스터	형님들, 우리 꿀꿀한데 이미지 게임 한 번 할까요?
부자곰	어떤 이미지요?
박스터	딱히 이야기한 적은 없었지만… 저희 다들 주식으로 손해 봤던 사람들이잖아요.
러시앤머니	진짜? 혜진공주 님이나 마석도 님도? 전혀 안 그러셨을 거 같은데?
부자곰	왜 전 빼요. 전 손해 봤을 거 같나요?
마석도	완전.
혜진공주	아ㅋㅋㅋ 아니에요. 저도 정말… 눈물이 앞을 가립니다.
박스터	누가 가장 주식으로 돈 많이 날렸을 이미지인지 지목해볼까요?
혜진공주	와, 이거 상처받겠는데 안 하면 안 돼요?
부자곰	그래요, 이거 괜히 서로 앙금이 생길 수 있어요.
마석도	쫄리면 뒈지시든가.
러시앤머니	악ㅋㅋㅋ 마석도 님 진짜 최고!
박스터	자 그럼…
박스터	3,
박스터	2,
박스터	1.

러시앤머니	부자곰.
혜진공주	부자곰.
박스터	부자곰.
마석도	부자곰.
부자곰	박스… 여러분, 짰죠? 따로 단톡방 있습니까? 혜진공주 님 까지….
혜진공주	그동안 저희 이야기는 많이 했는데 부자곰 님은 듣기만 하셨으니까.
러시앤머니	그러니까요! 저희는 다 깠는데 얌체 같아요.
부자곰	제가 워낙 제 이야기 하는 걸 좋아하는 편이 아니라서요. 또 너무 뻔한 이야기고….
박스터	우우~ 그럼 우리는 뭐가 됩니까?
마석도	고고.
부자곰	그럼 진짜 조금만 해볼까요?

· · ·

부자곰은 1983년 부산에서 태어났다. 건축가 아버지와 미술 강사 어머니의 외동아들이었다. 부자곰의 어머니는 부모가 모두 예술에 재능이 있으니 아들도 그럴 것이라 믿었다. 그래서 여섯 살부터 부자곰을 미술학원에 보내 미술 영재로 키우려 했다. 하지만 어린 부자곰은 스케치북으로 종이비행기나 접어 날렸고 48색 크레파스를 단팥빵 두 개와 바꿔버렸다.

부자곰의 어머니는 포기하지 않고 부자곰에게 피아노, 수영, 컴퓨터 등을 가르쳤다. 하지만 그 무엇에도 전혀 집중하지 못하는 아들 때문에 몇 년간 한숨만 쉬었다. 그러던 어느 날 초등학교 6학년 아들이 같은 반 여학생에게 관심이 있다는 사실을 알아챘다. 어머니는 부자곰을 앉혀 놓고 이렇게 말했다.

"현주는 너희 반 1등인데 아들은 30등이네? 엄마가 현주한테 물어봤는데 현주는 공부 잘하는 남자가 좋다던데?"

부자곰은 어머니의 계략에 넘어가 국영수 학원을 다니기 시작했다. 그때부터 성적이 쑥쑥 올랐다.

중학교 2학년 때 부자곰은 마침내 반에서 1등을 했다. 하지만 현주는 잘생긴 형준이와 사귀었고 그 사실을 안 부자곰은 크게 좌절했다. 이제 어머니가 하는 말은 못 믿겠다며 인간 불신에 빠져 잠깐 가출을 결심할 정도였다. 하지만 전교 1등을 하면 플레이스테이션을 사준다는 어머니의 꾐에 넘어가 다시 공부에 매진했다.

1998년 부자곰은 꿈에 그리던 전교 1등을 했다. 하지만 IMF 외환위기로 부자곰의 집은 이미 풍비박산이 난 상태였다. 빚쟁이 앞에 무릎 꿇은 아버지와 매일 술을 마시며 아버지에게 저주를 퍼붓는 어머니를 보면서 부자곰은 충격을 받았다.

고등학생 부자곰은 채권자들을 피해 큰아버지 집에서 숨어 살았다. 어느 날 부자곰이 숙모에게 도시락에 달걀 프라이나 소시지를 싸주면 좋겠다고 이야기하자 숙모는 이렇게 말했다.

"거지 놈의 새끼가 식탐만 많아서… 양심이 있어야지."

부자곰은 다시 한 번 어른에게 실망했다.

공부 하나는 기막히게 잘했던 부자곰은 이를 악물고 수험 생활을 버텨내 결국 서울 소재 의대에 진학했다. 그는 의대 학비를 벌기 위해 수업 외의 모든 시간을 과외에 할애했다. 신입생 오리엔테이션, MT, 동아리 활동 등 평범한 대학 생활은 전부 포기하고 자발적 왕따가 되었다. 연애는 사치일 뿐이라며 서서히 염세주의자가 되어가던 부자곰은 본과 4학년인 스물다섯 살에 드디어 봄을 만났다.

부자곰은 성당에서 한선영을 알게 되었다. 부자곰과 선영은 공통점이 많았다. 둘 다 델리스파이스를 좋아했고《슬램덩크》와《H2》, 〈러브레터〉와 〈냉정과 열정 사이〉에 푹 빠져 있었다.

당시에는 MBTI가 유행하지 않았지만 둘 다 같은 INFP였다. 둘은 곧 사귀게 되었다. 첫 여자친구, 첫 키스, 첫 데이트… 또래보다 많은 것이 늦었지만 행복했다.

스물여섯 살 부자곰은 병원 인턴이 되었다. 드디어 월급을 300만 원 정도 받는다는 사실에 너무나 기뻤다. 그제야 비로소 지긋지긋한 과외를 때려치울 수 있었다. 학자금 대출도 거의 다 갚았으니 피부과나 성형외과 의사가 되어서 최대한 빨리 내 집을 장만하고 여자친구와 결혼해야겠다고 생각했다.

부자곰이 모든 게 잘될 것이라는 달콤한 상상에 젖어 있을 무렵 선영은 아나운서 시험에 합격했다. 그리고 선영은 광주로 발령을 받았다. 둘은 말 그대로 통화할 시간조차 없었다. 한 달에 한 번 만나기도 힘든 바쁜 나날들이 이어졌다.

2008년 6월 어느 날 부자곰은 선영의 생일을 앞두고 깜짝 파티를 해주러 몰래 광주로 내려갔다. 새벽 2시까지 선영의 오피스텔 앞에서 여자친구를 기다리던 부자곰은 누군가와 격정적으로 키스하고 있는 선영을 발견했다. 상대는 부자곰의 의대 선배 최강훈이었다.

"술 먹고 잠깐 실수한 거야. 네가 무슨 생각하는 줄 아는데 절대 그런 관계 아니야. 그날이 처음이고 마지막이었어."

멍하니 서 있는 부자곰에게 선영은 이렇게 말했다.

부자곰도 여자친구의 말을 믿고 싶었다. 하지만 불행하게도 그에겐 연애 경험도 이성에 대한 이해도 부족했다. 스물여섯 살이었지만 학교와 병원 외의 사회를 잘 몰랐기에 분노와 상실감을 올바르게 표현하는 방법 역시 몰랐다. 그가 조금만 더 성숙했더라면 아니, 여자친구를 조금만 덜 사랑했더라면 치기 어린 마음을 다스릴 수 있었을까.

"왜 그랬어? 그 형 집이 잘살아서? 아버지가 스키장 사장이라서?"

"…아니야."

"강훈이 형이 성형외과 레지던트라서? 나보다 미래가 더 창창해서?"

"네 자격지심 이제 지겹다, 정말."

함께한 시간이 무색하게도 서로의 가슴에 비수만을 꽂은 채 두 사람은 헤어졌다.

두 달 뒤 부자곰은 강훈에게 청첩장을 받았다. 청첩장에는 강훈과 선영의 이름이 적혀 있었다. 강훈은 배신감으로 부들부들 떠는 부자곰의 어깨를 툭 치며 이렇게 말했다.

"미안하다. 그런데 어차피 너희 오래 못 갔을 거야."

부자곰이 '이 자식이 뭔 개소리야?'라는 얼굴로 강훈을 쳐다
보자 강훈이 피식 웃으며 말했다.

"몰랐어? 선영이 아버님이 J제약 사장님이시잖아. 너랑은 환
경이 너무 다르니까."

몇 달 뒤 부자곰은 정신과 의사가 되기로 결심했다.

박스터	그 선배 꼴 보기 싫어서 성형외과를 포기한 거예요?
러시앤머니	진짜 슬프다….
헤진공주	부자곰 님 너무 상처받으셨을 듯.
박스터	그런데 왜 하필 정신과를 갔어요? 성형외과랑 완전 반댄데? 걔네보다 더 부자가 되어서 복수하고 싶지 않았어요?
부자곰	음… 아마 인정하고 싶지 않았던 거 같아요, 돈 때문에 내가 버림받았다는 사실을. 살면서 돈보다 더 중요한 게 있다는 걸 증명하고 싶었나 봐요. 너희가 틀렸고 내가 맞아, 뭐 이런.
마석도	쓰담쓰담.
러시앤머니	완전 드라마네요. 눈물 나.
박스터	그다음은요? 그런데 어쩌다 주식을 하게 된 거예요?
부자곰	진짜 돈이 너무 안 모이더라고요.

혜진공주　　　　사회생활 오래 했으면 모아둔 돈이 그래도 꽤 되었을 텐데.

부자곰　　　　　석사, 박사 과정 밟느라 다 썼죠, 뭐.

• • •

사람들은 전문의라고 하면 돈이 많을 것이라고 상상한다. 하지만 부자곰은 달랐다. 2013년 부자곰은 의대 6년, 인턴 1년, 레지던트 4년 과정을 마치고 드디어 전문의가 되었다.

'이제 나도 드디어 부자가 되는 건가? 전문의들은 돈 잘 번다고 하던데 외제 차도 살 수 있겠지?'

부자곰은 전문의 자격증을 담은 액자를 조심스럽게 닦으며 기대에 부풀었다. 하지만 현실은 녹록치 않았다. 당시 부자곰은 대학병원 교수가 되겠다는 꿈을 안고 펠로 과정을 밟고 있었다. 펠로란 임상강사로 간단히 말하면 아직 교수가 되지 못한 미생을 말한다. 임상강사가 끝나면 바로 교수가 되느냐고 묻는다면 절대 그렇지 않았다. 펠로 과정을 평균 3년 정도 버티면 진료조교수로 발령이 난다. 하지만 모두가 진료조교수가 되는 것은 아니었다. 보통 7 대 1, 서울대병원이나 아산병원은 15 대 1 이상의 경쟁률을 뚫어야 했다.

애초에 펠로가 되는 것 자체도 쉬운 일이 아니었다. 전문의 중에서도 무척 똑똑하고 열정적인 소수만이 펠로가 될 수 있었다. 즉, 전국의 전교 1등이 모이는 의대에서 6년 내내 상위권 성적을 내고 인턴, 레지던트를 우수한 성적으로 졸업한 상위 5퍼센트만이 펠로가 될 수 있었다. 하지만 펠로는 출발점일 뿐 논문, 학생 교육, 과내 행정 업무, 정부 지원 과제, 교수님 뒤치다꺼리 등 온갖 잡무를 완벽하게 해내야만 진료조교수로 추천받을 수 있었다. 그리고 진료조교수 열 명 중 한 명 정도만 정규직인 전임조교수로 승진할 수 있었다. 전임조교수가 되면 비로소 대학병원의 식구로 인정받을 수 있는 것이다.

그럼 끝이냐고? 절대 아니다. 부교수, 정교수, 종신교수가 되기 위한 끝없는 경쟁이 기다렸다. 퇴근, 워라밸 같은 속 편한 소리를 하다간 애초에 펠로 방 문턱도 넘지 못했다. 병원에서 평생 하루 세 끼를 먹을 각오로 시작해야 대학병원 교수가 될 수 있었다. 문제는 펠로 월급이 고작 세후 330만 원 정도라는 것이다. 물론 적은 돈은 아니지만 30대 중반의 의사, 그것도 전문의가 기대하는 액수는 아니었다.

더구나 부자곰의 부모님은 노후 준비가 전혀 되어 있지 않았다. 의사 아들이 곧 부자가 되어 자신들을 호강시켜줄 것이라는 꿈에 부푼 상태였다. 부산의 17평짜리 아파트 한 채가 부모님의 전 재산이었고 부자곰이 매달 보내주는 200만 원이 그들의 유일한 수입이었다. 월급 330만 원에서 부모님 생활비 200만 원, 오피스텔 월세 70만 원을 제하고 공과금, 휴대전화 요금, 식비 등을 빼면 부자곰의 통장은 매달 적자였다.

물론 펠로를 때려치우고 페이닥터로 취직하면 매달 1100만 원 정도를 벌 수 있었다. 하지만 그러기엔 석사, 박사 학위에 바친 세월과 그동안 쓴 논문이 너무나 아까웠다. 월급이 잠깐 스친 계좌를 보고 허탈해질 때마다 부자곰은 '내가 고작 월급쟁이 의사가 되려고 박사까지 땄나? 이 악물고 버텨 교수가 되어야지. 짧은 가운 입고 학생들 가르치고 존경도 받는 게 내 꿈이다!'라고 생각했다.

오피스텔 보증금 1000만 원을 빼고 부자곰의 수중에 있는 돈은 은행 계좌에 있는 640만 원뿐이었다. 펠로에서 진료조교수가 되어도 상황은 나아지지 않을 것이 분명했다. 진료조교수의 월급은 450만 원 정도였고 최소한 전임조교수 정도까지는 올라가야 700만 원 이상의 기본급이 보장되었다.

문제는 펠로에서 전임조교수까지 승진하는 데 몇 년이 걸릴지 장담할 수 없다는 것이었다. 5년이 걸릴지, 10년이 걸릴지 알

수 없었다. 전체 펠로 중 2퍼센트 정도만이 전임조교수 자리에 도달했다. 부자곰은 언제 잘릴지 모르는 계약직으로 버티며 주 7일, 매주 100시간 가까이 쏟아부은 노력이 전부 헛수고로 돌아갈지 모른다는 두려움에 항상 시달렸다.

2000년대 초반까지 대학병원 의사는 집 열쇠, 차 열쇠를 받고 결혼한다는 전설이 있었다. 하지만 부자곰이 펠로로 일했던 2015년에 그런 일은 일어나지 않았다. 부자들은 괜히 부자가 된 게 아니었다. 30대 중반에 통장 잔고는 640만 원인 백 없는 의사에게 귀한 딸과 아파트 열쇠를 줄 호구는 없었다.

'최소한 서울 아파트 전세 구할 돈은 있어야 결혼을 할 텐데.'

한숨만 푹푹 쉬던 부자곰에게 운명처럼 아니, 악마의 속삭임과도 같은 메세지가 왔다.

'선생님. 저 M제약 서 부장입니다. 지난번 학회 발표 감사했습니다. 저희 한 상무님께서 한 번 뵙고 싶다고 하시는데 식사 자리에 모셔도 되겠습니까?'

M제약 상무씩이나 되는 사람이 왜 일개 펠로를 만나고 싶다는 것일까? 펠로에게는 약 주문 권한이 없었다. 부자곰은 대학병원에 적을 둔 사람이 제약회사 임원과 사적인 자리를 갖는 것이 찜찜했다.

'식사는 좀 그렇습니다. 저는 제약회사 분들과 따로 식사하지 않아서요. 마음은 고맙습니다만….'

'저희 상무님께서 꼭 한 번 뵙고 싶어 하십니다.'

혹시 소개팅 주선인가 싶었던 부자곰은 결국 긍정적인 답을 보냈다.

'병원 외래로 한 번 찾아오시죠. 잠깐 뵙는 것은 가능합니다.'

여자친구도 없는데 괜찮은 사람을 소개해준다면 마다할 것 없겠지 싶었다. 하지만 부자곰이 근무하는 병원에 찾아온 한 상무는 전혀 뜻밖의 제안을 했다.

"제가 자회사를 따로 하나 설립하려고 하는데 선생님을 거기 자문의사 겸 사외이사로 모시고 싶습니다."

교수도 아닌 부자곰을 왜 모시고 싶다는 것일까? 평소라면 단박에 거절했을 테지만 불안한 미래, 성공에 대한 집착이 부자곰의 눈을 흐렸다. 사실 평생 진료만 하고 방에 틀어박혀 논문만 쓰던 의사가 사회생활 만렙인 제약회사 임원과 20분 이상 대화를 허용했다는 것 자체가 다 끝난 게임이었다. 선생님 논문이 너무 훌륭하시고 이번에 낸 저널은 임팩트 팩터 10점이 넘고 과장님께 얼핏 듣기로 다음번 진료조교수는 박 선생님이 거의 내정되었다고 하던데 어쩌고저쩌고….

"저희가 한 템포 빠르게 미리 스카우트랄지 제의를 드리는 거지요."

부자곰은 한 상무의 말이 폭신한 무지갯빛 거품에 쌓인 독이라는 것을 뻔히 알았다. 그런데 미사여구가 덕지덕지 붙은 그 말이 어쩜 이리도 달콤하게 들리는지 스스로도 이해할 수 없었다.

"그러면 제가 어떤 역할을 하길 원하시는지…."

"우선 제가 설립할 자회사 장외주식을 좀 사시죠. 많이는 필요 없고 1억 원 정도면 됩니다."

1억 원이 누구 집 개 이름인가?

"죄송하지만 전 그런 돈이 없습니다. 펠로 월급이 뻔해서…. 그리고 있다고 해도 1억 원이나 갑자기 장외주식에 투자하는 건 어려울 것 같습니다. 저는 삼성전자 주식도 사본 적이 없는 사람이라서요."

부자곰의 솔직한 대답에 한 상무가 허허, 너털웃음을 짓고 말했다.

"박 교수님께서 연구에만 몰두하시다 보니 이런 일을 잘 모르시나 보네요. 더 존경스럽습니다. 아무 걱정 마세요! 귀찮고 자질구레한 일은 저희가 다 해드릴 겁니다. 그리고 이건 사실 비밀인데… 서 부장, 잠깐 박 교수님과 둘이서만 이야기할 수 있을까?"

서 부장은 잠자코 목례를 하고 자리를 비켜주었다. 한 상무는 부자곰 쪽으로 의자를 당겼다. 그리고 목소리를 낮추며 말했다.

"저희 자회사 내년에는 코스닥에 상장합니다. 물론 제가 대표가 되고요. 장외주식 1억 원 사두시면 최소 20억 원은 가실 겁니다."

20억 원. 그 돈이면 부자곰의 모든 걱정과 불안을 해결할 수 있었다. 2015년 압구정현대아파트 시세는 15억~17억 원 정도였다. 20억 원이면 강남에서 제일 비싼 아파트와 포르쉐를 사고도 남았다. 어쩌면 바로 이것이 부자곰이 평생 간절히 기다려온 신분 상승의 기회가 아닐까?

"솔깃한 말씀이네요. 그런데 정말로 제가 현재는 여유자금이 전혀 없습니다."

"에이, 설마요. 박 교수님 같은 분이요?"

"네, 먹고 죽으려고 해도 없습니다."

"정말로요?"

"네, 저도 너무 아쉽네요."

부자곰의 대답을 듣고 한 상무가 황당한 표정을 지었다. 한 상무는 짧게 한숨을 쉬었다.

"교수님, 혹시 전문의 대출 받아보셨습니까? 1억 5000만 원까지는 나오실 텐데요."

부자곰이 침을 꿀꺽 삼켰다.

박스터	그래서요, 형님? 그러다 돈을 다 날리신 거예요? 사기당한 겁니까?
혜진공주	처음 산 주식이 장외주식이라니, 그것도 빚투⋯.
러시앤머니	아무리 거래처고 제약회사 상무라고 해도 의심되지 않았어요?
부자곰	처음엔 저도 못 믿었어요. 스카우트 이야기도 미심쩍은데 투자까지 하라고 하니까.

그랬다. 아무리 부자곰이 순진했어도 처음 보는 사람 말만 믿고 대출을 1억 원 넘게 받다니. 게다가 장외주식까지 산다니. 당치 않을 소리였다. 결정을 망설이는 부자곰에게 한 상무가 웃으며 말했다.

"이런 부탁을 하려면 믿음을 드리는 게 우선이겠지요? 제가 좋은 분들 계신 카톡방에 초대해드리겠습니다. 거기서 다른 분들과 대화도 나누고 인맥도 좀 쌓고 돈도 좀 벌어보세요. 그리고 다시 사업 이야기 나누시죠."

· · ·

3주 후 저녁 강남의 어느 일식당에 부자곰과 한 상무, 서 부장이 다시 모였다. 부자곰이 두 손으로 한 상무의 술잔을 채우며 고개를 꾸벅 숙였다.

"한 상무님, 정말 감사합니다. 제 은인이세요."

"아유, 별말씀을요. 이게 다 교수님 인복이지요. 남들은 기회가 와도 못 잡아요. 반면 우리 박 교수님은 독수리처럼 딱 한 방에 기회를 잡아채버렸다, 이 말이지요."

"교수님이라니 부끄럽습니다. 아직 펠로인 걸요."

"박 교수님 겸손은. 다 들리는 소문이 있습니다. 제가 부원장님하고 이번에 골프 한 번 쳤는데 뭐 거의 결정 난 거나 다름없다고 하던데요? 박 교수님 능력에 인망에 이제 재력까지 갖추시겠네요. 거기에 저희가 밖에서 확실히 팍팍 밀어드리면 안 되는 일이 어디 있겠습니까?"

"단톡방 분들 덕에 정말 많이 배웠습니다. 그동안 제가 우물 안 개구리였네요."

부자곰은 날름 회를 집어 먹는 한 상무를 보며 웃었다.

한 상무가 부자곰에게 소개한 카톡방에는 M투자회사 이사, K증권 차장, A대학교 경제학과 교수, L연예기획사 대표가 있었다. 한 상무는 그들을 '패밀리'라고 했다.

"저희 팀 막강합니다. 거의 어벤져스죠. 대한민국 주식장을 들었다 놨다 합니다. 이번에 보셨지요?"

한 상무가 의기양양한 목소리로 말했다. 부자곰은 고개를 끄덕였다. 3주 전까지만 해도 말 같지도 않은 소리라 여겼을 테지만 부자곰의 계좌에는 2300만 원이 들어 있었다. 640만 원이 거의 네 배 가까이 불어난 것이다. ABC바이오, D헬스케어, 인피니트○○○, A1000레버리지펀드 등 그들이 번갈아 추천한 종목들은 전부 최소 20퍼센트 수익을 냈다. 어떤 종목은 2연상, 3연상도 갔다. 차곡차곡 불어나는 주식 계좌 잔고를 보며 부자곰은 '세상에 이렇게 쉽게 돈 버는 방법이 있는데 왜 나는 그동안 이렇게 억울하고 무지하게 살았을까?' 하고 자책했다.

"교수님, 이제 부자의 레일에 올라타신 겁니다. 저희 멤버들도요. 자~ 칙칙폭폭!"

한 상무가 익살스럽게 웃으며 기차 바퀴의 회전축처럼 팔을 앞뒤로 움직였다. 그리고는 부자곰 쪽으로 회가 담긴 접시를 밀며 덧붙였다.

"그 단톡방 멤버 여섯 분이 코스닥 상장할 저희 회사 사외이
사진입니다. 이번에 모두 1억 5000만 원씩 장외주식 매입하기
로 했습니다."

"저는 아직 가진 돈이 2300만 원뿐인데…"

"아이고, 교수님 제 실력 보셨잖습니까? 내일 전문의 면허증
은행에 제출하시고 1억 5000만 원 아니, 1억 3000만 원만 대출
받으십시오. 서 부장이 따라가서 다 도와드릴 겁니다. 그렇지,
서 부장?"

묵묵히 자리를 지키던 서 부장이 고개를 끄덕이며 말했다.

"네, 교수님. 바쁘실 텐데 귀찮은 일은 다 저에게 믿고 맡겨주
십시오!"

부자곰은 그렇게 1억 3000만 원의 빚을 지고 한 상무의 회사
에 투자했다. 평생 만져본 적도 없는 큰돈을 은행에서 빌릴 때
는 손이 덜덜 떨렸지만 그 돈이 몇 배가 되는 상상을 하면 두 발
이 하늘로 두둥실 떠오르는 것 같았다.

하지만 6개월 뒤 한 상무는 사라져버렸다. 상장한다던 그의
회사 홈페이지도 단톡방 멤버들도.

부자곰의 심장이 땅끝까지 내려앉았다. 설마, 하고 M제약에

직접 찾아가보았지만 한 상무도 서 부장도 전혀 모르는 사람이
라는 대답뿐이었다. 매일매일 안부를 묻던 멤버들 역시 SNS를
모두 탈퇴하고 잠적해버렸다. 부자곰은 황급히 한 상무를 비롯
한 모두에게 전화를 걸어보았다. 수화기 너머로 들리는 대답이
한결같았다.

"이 전화는 수신이 정지된 번호입니다."

그 모든 게 잘 설계된 각본이었다.

· · ·

부자곰이 할 수 있는 것은 아무것도 없었다. 경찰서로 허겁
지겁 뛰어갔지만 부자곰의 이야기를 들은 경찰은 요즘 의사들
을 타깃으로 흔히 일어나는 사기 수법이라며 범인을 잡아도 돈
을 전부 돌려받을 수 있을지는 미지수라고 했다.

온종일 혼자 방에 처박혀 있고 싶었지만 냉혹한 자본주의 세
계에서 채무자에게 슬픔에 허우적거릴 여유는 허용되지 않았
다. 부자곰은 매일 은행 빚을 갚기 위해 꾸역꾸역 병원으로 출
근했다. 바쁘게 일을 하다가도 잠깐 숨 돌릴 틈이 생기면 그저
눈물이 쏟아졌다. 어떤 날은 화가 치밀어 올라 무심코 손에 쥐

고 있던 연필을 부러뜨렸다. 어떤 날엔 자신이 너무 한심하고
어리석게 느껴져 벽에 머리를 쿵쿵 찧었다.

러시앤머니   어떡해… 다들 사정이 비슷하네요.

혜진공주   부자곰 님은 차분하셔서 그런 사기에 안 넘어가실 줄 알았
               는데.

박스터   그럼 그 1억 5000만 원은 어떻게 되었나요?

러시앤머니   으이그, 그게 남아 있겠냐! 사장이 사기꾼이고 애초에 회사
               도 가짜였다는데 다 휴지 조각 되었겠지! 와, 이건 아예 보
               이스피싱 수준이네!

부자곰   러시 님 말이 너무 심하세요….

러시앤머니   앗, 죄송해요. 제가 너무 안타까워서 그만….

부자곰   그래도 경찰이 1500만 원은 돌려줬어요. 그 사람들 결국
               잡혔거든요.

박스터   그래도 다행이네요. 다행이라고 하긴 좀 그렇지만 그래도
               나쁜 놈들 벌 받아야죠.

부자곰   진짜 황당했던 게 경제 사범은 진짜 처벌이 가볍더라고요,
               어이가 없을 정도로.

마석도   개새끼들.

박스터	그래도 지금은 괜찮으시죠?
부자곰	세상이 무섭다는 걸 아주 제대로 배웠죠, 뭐. 1억 3000만 원짜리 수업료 내고요.
혜진공주	그 뒤에도 주식을 다시 한 게 신기하네. 나였으면 아예 진절머리 나서 얼씬도 안 했을 듯.
러시앤머니	그러니까요, 아예 멘털이 나가서 저는 몇 년 동안 아무것도 못 했을 거 같은데.
부자곰	정답! 실제로 1년 반 동안 아무것도 못 했어요. ㅋㅋㅋ
박스터	와, 부자곰 님 멘털 보소. 어떻게 다시 부활하셨나요? 일어서게 된 계기가?
러시앤머니	그러게, 너무 궁금해요.
부자곰	아유, 오늘 너무 제 이야기만 한 거 같아서 다음에 해드릴게요.
박스터	아, 형님 밀당하는 겁니까. 드라마 엔딩도 아니고 여기서 끊는 게 말이 됩니까?

사건이 일어나고 1년 반 뒤, 부자곰은 전임조교수가 되기를 포기하고 대학병원을 그만두었다. 그리고 임대료가 적당한 구로동의 작은 상가에 자신의 병원을 하나 차렸다. 병원 이름은

바로 '주식 중독 클리닉'이었다. 그리고 얼마 뒤 카카오톡 오픈 채팅방도 만들었다. 채팅방의 제목은 '구로동 주식 클럽.'

그렇다. 부자곰의 본명은 박준수였다.

혜진공주	갑자기 궁금해졌는데 박스터 님은 왜 부자곰 님과 저를 형님으로 호칭해요? 저희 나이 모르시잖아요.
러시앤머니	음, 그야 당연히 말투만 봐도….
박스터	그러니까. 본인들만 몰라. ㅋㅋㅋ
부자곰	와, 저희가 왜요?
혜진공주	그러니까요, 저희도 신세대 말투 다 쓰잖아요.
러시앤머니	아유, 요즘 누가 신세대라는 말을 합니까. 이거 딱 봐도… 아, 상처받으실 테니 패스!
마석도	아재들.
부자곰	와, 진짜 전 아닌데요! 전 진짜 MZ세대인데요?
혜진공주	부자곰 님, 이러기임? 민증 깔까요? 민증 까!
박스터	지금 말하는 것도 영락없는 아재 말투에요, 두 분. ㅋㅋㅋ
러시앤머니	토닥토닥. 괜찮아요, 아저씨들. 우리가 있잖아요.

물론 준수는 카톡방에서 자신이 주식 중독 클리닉을 운영하

고 있다는 사실을 밝히지 않았다. 준수는 한 번도 만난 적 없지만 상처를 털어놓을 수 있는 사람들, 웃고 장난치고 놀려댈 수 있는 사람들과의 기묘한 우정이 정말 소중하고 간절했다.

준수가 구로동 주식 클럽을 만든 이유는 스스럼없는 관계가 필요해서다. 주식 중독 클리닉을 운영하는 의사로서 더 많은 사람을 돕고 싶다는 사명감도 있었지만 의사와 환자로서가 아닌 같은 실수를 했고 비슷한 아픔을 느껴본 사람들끼리 만나 고통을 나누고 소소한 위로를 주고받고 싶었다.

준수는 구로동 주식 클럽이라는 내밀한 공간에 현실이란 독을 스며들게 하고 싶지 않았다. 구로동 주식 클럽은 영원히 스마트폰 안에 존재하는 동화 같은 공간이었으면 했다. 시기와 미움, 질투와 열등감이 없는 행복한 곳.

'우리가 누군지 알아버린다면 이 마법은 풀리고 말 거야.'

준수는 조용히 스마트폰 화면을 끄고 고요한 밤하늘을 바라보았다.

‹ Group

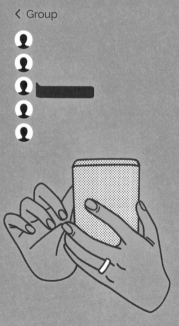

4장

민지운

5주 차: 자기 객관화

· 실수를 정확하게 인지하고 기억한다.

· 손실액, 손해 시점 등 구체적인 투자 히스토리를 정리한다.

· 손실 계좌의 세부 내역을 캡처해 스마트폰, PC 바탕화면에 띄워둔다.

· 자신의 실패를 복습하고 가계부와 일기에 이를 기록한다.

· 과거 행동을 손실액, 실수 방식에 따라 분류해 저장한다.

· 타인의 조언과 평가를 수용할 준비가 되었는지 확인한다.

· 과거 실수에서 느꼈던 분노, 짜증, 좌절감 등을 감정 일기에 기록한다.

"선생님, 말씀하신 대로 저 이번 주부터 가계부랑 일기 매일 쓰고 있습니다."

"좋네요, 그 사람이랑은 연락하고 있나요?"

"현도 형이요? 아니요, 절대 안 하죠. 하면 안 되죠."

"계속 전화를 하거나 만나자고 하지 않아요?"

"다 차단했어요. 카톡, 전화, 페이스북 모두요. 한두 번 회사 앞으로 찾아온 적도 있는데 이젠 그것도 무시하려고요."

준수가 고개를 끄덕이며 무언가를 기록했다.

오늘은 민지운 씨의 다섯 번째 상담일이다. 지운은 주식 중독 클리닉에서 아주 모범적인 환자였다. 단정한 용모에 예의 바르고 성실한 성격의 그는 5주 차까지 상담에 단 한 번도 늦지 않고 진지하게 임했다. 준수가 살짝 미소를 지으며 물었다.

"상담 시작한 지 이제 한 달이 지났죠? 좀 어때요?"

지운은 자신의 손끝으로 시선을 내렸다. 몇 초간 생각을 고른 뒤 조심스럽게 말을 시작했다.

"선생님 말씀대로 제가 어떤 사람인지 생각해봤어요. 그동안 왜 그렇게 초조하고 조급했는지도요. 빨리 성공해서 부모님도 도와드리고 남들에게 인정도 받고 싶었나 봐요. 불안 때문이었던 거 같아요."

준수는 속으로 '옳지, 옳지' 하고 고개를 끄덕였다. 자기 객관화에 시동이 걸리고 있었다.

"다시 돌아간다면 또 주식이나 코인 투자를 할 것 같아요?"

"음, 솔직히 아직은 잘 모르겠어요. 절대 아니라고 할 정도로 준비되진 않은 것 같아요. 자신이 있는 날도 있고 다시 흔들리는 날도 있고 그래요. 하지만 그럴 때마다 선생님 말씀 떠올리려고 합니다."

"단순히 의지만으로 되는 일은 아니에요. 보상회로와 도파민이 만든 욕망, 쾌감의 기억이 또 지운 씨를 흔들 겁니다. 복습이 정말 중요해요."

"복습이요?"

지운이 잘 모르겠다는 표정을 지었다. 준수가 진지한 얼굴로 답했다.

"지운 씨가 지금까지 한 실수, 실패의 원인을 전부 다 세세히 기록해두는 겁니다. 손실 계좌를 캡처해서 스마트폰과 컴퓨터 바탕화면에 깔아두세요. 태블릿PC에도요. 매일 보면서 매일 떠올리세요."

"아… 그러면 너무 우울해질 것 같은데요."

지운이 울상을 지었다.

"감정을 분리해야 해요. 실수를 직면해야 하고요. 회피하거나 망각하면 똑같은 실수를 반복하게 됩니다. 우리 뇌가 원래 그래요. 욕망에 전두엽이 마비되면 이성적으로 판단하기가 어렵습니다."

"지금 마음이면 진짜 지긋지긋해서 다시는 주식 안 할 거 같은데… 그래도 또 실수할 거라고요?"

"자기 객관화와 수용의 작업이 얼마나 진행되었는지에 달렸어요. 실수의 원인을 운이 나빴다고 생각하거나 남 탓을 하면 또 실수하게 됩니다. 냉정하게 현재 상태를 분석하는 것이 중요합니다."

지운이 고개를 끄덕였다. 그리고 무언가 생각났다는 듯 눈을 반짝였다.

"아, 참! 선생님 말씀대로 주식 앱도 다 지웠습니다. 인터넷 시작 페이지도 교보문고로 바꿨어요."

"네, 잘하셨어요. 최소 두 달 동안은 주식을 떠올리게 하는 모든 자극에서 멀어져야 합니다. 주식이 다시 생각나거나 유혹이 생기고 그러진 않으세요?"

"어차피 돈도 한 푼도 없고 월급 받아도 다 대출금으로 빠져서요. 그래도 가끔 생각나긴 해요. 친구들이 주식이나 코인 이야기하면요."

준수가 진지한 얼굴로 물었다.

"그땐 어떻게 하라고 제가 말씀드렸었나요?"

"화장실로 가서 자리를 피하거나 그 단톡방을 아예 나와버립니다! 저 잘하고 있는 거죠? 근데 이렇게 계속했다가 진짜 왕따 될까 봐 조금 무서워요."

"정말 친한 친구들이라면 지운 씨 사정을 대충 짐작하고 있을 거예요. 잠깐 멀어진다고 손절할 친구라면 어차피 진짜 친구가 아니에요."

"네, 저도 그렇게 생각해요. 또 불안한가 봐요. 친구들과 고립되고 뒤처질까 봐."

지운이 배시시 웃었다.

도박처럼 무언가에 중독되었다가 극복하고자 하는 사람이라면 누구나 이런 시기를 겪는다. 욕망에서 파생된 감정이 행동을 부정적으로 강화하기 때문이다. 그 행동이 나쁘다는 것을 뻔히 알면서도 반복적으로 집착한다. 자신의 실수를 인정하고 싶지 않은 것이다. 준수 역시 이런 환자를 자주 보았다.

중요한 것은 이 과정을 견디고 기억해 재발을 방지하는 것이다. 준수는 이것을 자기 객관화라고 설명했다. 쓰라리고 괴로운 순간을 매일 되새김질하는 작업은 이성의 힘을 키우고 자제력과 판단력을 만들어준다.

우리의 뇌는 매 순간 어떤 자극과 정보를 분류하고 선택해서 저장하는 작업을 수행한다. 그렇게 저장된 것이 기억이다. 기억에는 서술적 기억declarative memory과 비서술적 기억non declarative memory이 있다. 서술적 기억은 우리가 일상에서 매일 겪는 일화성 기억episodic memory, 상식이나 객관적 지식인 의미 기억sementic memory으로 구성된다. 서술적 기억이 우리의 의식에 존재하는 외부적인 것, 즉 겉모양이라면 비서술적 기억은 무의식에 자리하는 기억의 알맹이다.

우리 뇌는 수없이 넘쳐나는 자극과 정보들을 깔때기로 거른다. 그중 일부를 마음속 깊은 곳, 무의식의 차원에 내재화한다. 이렇게 무의식에 쌓아둔 기억들을 원하는 때 불러오려면 무수히 많은 정보와 사건을 중요도 순으로 분류해 각각의 폴더에 잘 정리해두어야 한다. 투자를 하면서 저질렀던 황당한 실수나 판단 착오 등을 손실액이나 실수했던 방식에 따라 기록하는 반복 학습을 통해 기억의 힘을 강화해야 한다. 그래야 결정적인 순간에 주저하지 않고 현명한 선택을 할 수 있다. 또 그 과정에서 느꼈던 부정적이고 불안한 감정을 여과 없이 솔직하게 기록해두고 들여다보는 것도 필요하다. 그래서 준수가 환자에게 일기와 가계부를 쓰게 하는 것이다.

상담을 마무리하려는데 지운이 무언가 생각났다는 듯 준수에게 밝은 목소리로 말했다.

"선생님, 최근에 우연히 좋은 사람들을 알게 되었는데 그 사람들과 이야기하는 게 마음을 다잡는 데 많은 도움이 돼요."

지운의 이야기를 들은 준수가 흥미로운 표정을 지었다.

"좋네요. 어떻게 만난 사람들일까요?"

"카카오톡 오픈 채팅에서 우연히 알게 된 사람들인데요."

"음, 또 리딩방 같은 건 아니지요?"

준수의 질문에 지운이 손사래를 치며 답했다.

"네, 그럼요! 절대 아니에요. 정말 좋은 사람들이에요. 매일 같은 시간에 딱 한 시간씩 대화해요. 실제로 만난 적도 없고 심지어 이름도 몰라요. 다 별명으로만 알고 있거든요. 제 별명은 박스터예요. 포르쉐 박스터가 제 드림카라…."

"신기하네요. 때로는 모르는 사람에게 마음을 털어놓는 게 더 편할 때도 있지요."

준수는 우리 구주 클럽에도 박스터가 있는데, 속으로 생각하며 슬며시 미소를 지었다. 준수는 최근 구주 클럽을 통해 나를 전혀 모르는 누군가와 하루의 고단함을 나누고 서로 위로하는 기쁨을 누구보다도 크게 느끼고 있었다.

"맞아요, 그 채팅방에서는 절대로 저를 비난하거나 함부로 평가하지 않아요. 정말 신기해요. 한 번도 본 적 없는 사람들인데 진짜 오래 알고 지낸 사람 같아요. 어떨 땐 가족보다 더 편하게 느껴져요."

"다행이네요. 그래도 익명이고 전혀 모르는 사람들이니까 금전 거래 같은 건 절대 하시면 안 됩니다."

준수가 단호하게 말했다. 지운이 고개를 여러 번 끄덕였다.

"그럼요, 저희 클럽에 나름 철칙이 몇 개 있는데… 절대 그럴 일 없어요."

"재밌는 모임이네요. 혹시… 클럽 이름이 뭔가요?"

"구주 클럽, 구로동 주식 클럽이에요. 재밌죠?"

. . .

'영업1팀 민지운.'

지운은 목에 걸린 사원증을 몇 번이고 들여다보았다. 그날은 지운이 인턴 6개월, 비정규직 2년 만에 드디어 정규직이 된 날이었다. 이름만 대면 모두가 아는 대기업은 아니었지만 지운은 뛸 듯이 기뻤다.

지운은 전세대출을 받아 독립할 생각에 신나 날아갈 것 같았다. 독립만 하면 부모님 눈치 보지 않고 밤새 게임을 하고 외박도 할 수 있었다. 여자친구도 집에 데리고 올 것이다. 물론 여자친구는 없지만. 여자친구를 사귀는 것도 시간문제였다. 정규직이니 당당하게 소개팅도 받을 수 있었다. 돈을 모아서 멋진 차도 살 것이다. 아직 학자금 대출도 못 갚았지만.

'괜찮아, 금방 모을 수 있어. 내년에 대출 다 갚고 거실 있는 오피스텔로 이사 가자. 소나타, 그랜저 다 건너뛰고 제네시스… 아니, 바로 BMW 지르자!'

정규직이 되고 첫 월급을 받는 날, 지운은 즐거운 마음으로 급여명세서를 확인했다.

'실수령액 207만 원.'

지운은 머릿속으로 바쁘게 계산기를 돌려보았다. 스마트폰 요금 6만 9000원, 월세 70만 원, 한 달 치 전기세, 가스비, 식권 50장 15만 원, 지하철 교통카드 충전비 6만 원… 식비를 아끼기 위해 하루 두 끼를 구내식당에서 사 먹고 탕비실 커피믹스만 마시면서 한 달을 버텨도 저축할 수 있는 돈이 90만 원도 안 되었다. 그렇게 모아봤자 1년에 1080만 원. 정기 적금 이자가 조금 올랐다고 하지만 그만큼 물가도 오른 탓에 치킨, 피자를 한 번씩만 시켜 먹어도 7~8만 원이 나갔다.

아무리 계산을 해봐도 1년에 1000만 원 모으기도 쉽지 않아

보였다. 그렇게 10년 모으면 1억~1억 2000만 원, 조금 잘 모으면 1억 5000만 원이 될 것이었다. 그 돈이 있다 한들 집을 살 수 있나? 서울에 아파트를 사려면 100년은 쉬지도 쓰지도 않고 일해야 했다.

부유한 가정에서 태어나 부모님 찬스를 쓰는 사람들도 있다지만 지운은 예외였다. 부모님께 도움을 받기는커녕 이제부터 용돈을 드려야 할 처지였다. 서울 아파트를 포기한다고 해도 사정은 마찬가지였다. 직장이 구로디지털단지역이니 광명, 시흥 정도에서 집을 얻어야 했다. 강원도에서 출퇴근할 수는 없었다. 술자리, 친구 모임, 동호회, 연애를 다 끊고 사회적 인간이길 포기해도 30년 정도는 있어야 낡은 빌라를 살 수 있을 것 같았다. 그럼 결혼은 언제하고 아이는 언제 낳지? 지운은 앞으로 펼쳐질 인생의 모든 이벤트가 다 희미하게 느껴졌다.

어느 날 지운은 대학 시절 친하게 지내던 상진이 형에게 한잔하자는 연락을 오랜만에 받았다. 월급 이야기를 하며 이런저런 푸념을 늘어놓는 지운에게 상진이 진지한 목소리로 말했다.

"그래서 주식을 해야 하는 거야, 지운아."

당장 쓸 돈도 없는데 주식이라니 무슨 뜬구름 잡는 소린가 싶었던 지운이 퉁명스럽게 말했다.

"종잣돈도 없는데 무슨 주식이에요, 형. 그리고 제가 뭘 안다고… 저는 주식의 ㅈ도 몰라요, 진짜."

상진은 입이 댓 발은 나온 지운을 보며 피식 웃었다.

"야, 남들은 뭘 알고 시작하는 거 같냐? 별거 없어. 모르는 건 다들 마찬가지야. 이번에 그… 홍석이 알지?"

"롤 잘하는 그분요?"

"어, 그래. 걔 이번에 2차전지 관련주로 3억 원 벌었다더라."

"3억 원이요? 얼마로 시작했는데요?"

지운의 눈이 휘둥그레졌다.

"5000만 원."

"에이, 설마요. 주식으로 여섯 배를 어떻게 먹어요?"

의심 섞인 지운의 목소리에 상진이 답답하다는 듯 혀를 끌끌 찼다. 테이블 위에 놓인 김 빠진 맥주는 30분째 그대로였다.

"지운아, 니가 그래서 안 되는 거야. 발상을 바꿔야 해. 우리 같은 애들은요, 평생 모아도 집 못 사. 씨발, 존나 억울하지 않냐? 금수저들은 엄마 아빠가 집 다 물려주고 분양권 사주고 대학 졸업과 동시에 서울 아파트 받고 시작해요. 한 푼 두 푼 모아서 걔네들 어떻게 따라갈래? 종잣돈을 모은 뒤에 주식을 하는 게 아니라 주식으로 종잣돈을 모으는 거야. 한 방에 승부를 봐야 한다고.”

“그런데 홍석이 형은 5000만 원이 어디서 났어요? 그 형 회사도 연봉 별로 안 높잖아요.”

“비트코인 200만 원으로 시작했대.”

지운도 가상화폐 투자로 대박이 났다는 사람들의 이야기는 종종 들었다. 하지만 실제로 그 주인공이 가까이에 있었다니 믿기지 않았다. 나만 빼놓고 다들 뒤에서는 돈을 벌고 있었다는 생각에 시무룩해진 지운의 어깨가 축 처졌다.

“와… 그런데 형 그런 경우는 드물게 대박이 난 거지 제가 한다고 그렇게 되겠어요? 게다가 요새는 비트코인도 다 망하는 거 같던데. 다들 난리 났잖아요.”

“그러니까 지운아, 시기를 잘 타야 하는 거야. 똑똑한 놈들이 다 먹고 빠져나올 때 들어가면 뭐 되는 거지. 비트코인이고 도지코인이고 이제 끝났어. 지금은 주식뿐이야. 시기를 놓치면 안 돼. 남들 다 우르르 몰려갈 땐 이미 늦어.”

“저는 전공도 문과인데… 홍석이 형은 그래도 주식 공부 좀 하시지 않았어요? 전공이 그쪽이었나?”

“그 새끼 체육교육과야.”

지운은 대학 시절 까무잡잡한 얼굴에 다부진 체형을 가지고 있었던 홍석의 얼굴이 떠올랐다. PC방에서 함께 밤을 새워가며 롤을 하던 형이 교생 실습을 나간다고 부산을 떨던 게 엊그제 같은데 언제 시간이 이렇게 흐른 것일까. 지운은 미지근한 맥주를 꿀꺽 마셨다.

"형님 말씀도 맞는데 전 진짜 소심하고 겁도 많아서요. 그냥 우선 월급부터 잘 모아볼래요."

"지운아, 네가 소개팅을 나갔어. 상대방이랑 성격이 너무 잘 맞아. 말도 너무 잘 통해. 인연인 거지. 5년 연애하고 이제 서른세 살쯤 그 여자한테 프러포즈를 딱 해. 그럼 그 여자가 너랑 결혼할까? 아니야, 강남에 아파트 있는 새끼랑 결혼해. 아니면 키크고 잘생긴 연하랑 하겠지. 우리는 뭘까? 음, 답은 주식밖에 없는 거야."

상진의 말을 들은 지운은 너무나 억울했다. 2017년에 군대에 안 갔더라면, 그때 비트코인이 뭔지 알았더라면 지운에게도 5000만 원이 있었을까? 200만 원으로 5000만 원을 번다는 게 말이나 되나? 아니, 백번 양보해서 비트코인은 그렇다 치고 주식으로 원금의 여섯 배를 버는 게 가능한 일일까? 누가 홍석에게 투자 정보를 줬을까? 홍석은 전생에 나라를 구했나? 거북선에서 노라도 저었나? 투자할 종목이 그렇게나 많은데 어떻게

600퍼센트 수익이 날 주식을 딱 찍는단 말인가. 지운은 모두가 1억 원, 10억 원을 쉽게 버는 세상에서 오직 자기 혼자 가난하다는 사실이 화가 났다.

"형, 주식 공부 어떻게 시작해요?"

"너 정말 생각 잘했다. 그 카카오톡 오픈 채팅방이란 게 있는데 말이야…"

상진이 지운의 어깨에 팔을 둘렀다.

· · ·

상진이 지운에게 추천한 카카오톡 오픈 채팅방의 이름은 '서울 2030 초보 개미방'이었다. 그 오픈 채팅방의 참여자 수는 무려 1737명이나 되었다. 지운은 상진의 스마트폰에서 눈을 떼지 못한 채 중얼거렸다.

"세상에… 주식 하는 사람이 이렇게 많아요?"

"무슨 소리야, 이건 그렇게 많은 것도 아니야. 1만 명 넘는 방도 있어."

"진짜요? 그럼 그 사람들이 다 정보를 공유하면…"

지운의 순진한 말에 상진이 푸하하, 하고 웃음을 터트렸다.

"헛소리하거나 허언증 있는 사람도 많고 싸우는 사람도 있고 그래. 예의 지키고 활동 열심히 하는 소수 인원만 방장이 따로 텔레그램이나 네이버 밴드로 초대해줘. 그때부터가 진짜지. 고급 정보를 공짜로 주겠냐? 단톡방에서 나오는 이야기는 이미 유통기한 한참 지난 거야."

"형은 이런 걸 어떻게 다 알아요?"

"나도 처음에는 너랑 비슷했어. 재무제표는커녕 영업이익이 뭐고 ETF가 뭔지, 코스닥과 코스피의 차이가 뭔지도 몰랐어. 오직 친구 말만 믿고 시작했지."

지운에게 서울 2030 초보 개미방은 신세계였다. 1700명이 한마디씩만 해도 스크롤이 빠르게 올라갔다. 수익 인증, 계좌 인증, 얼마를 먹었네, 40퍼센트를 잃었네, 국밥 먹고 한강 갑니다, 삼성전자 85층인데 저보다 더한 분 있나요… 무수한 말이 떠올랐다 사라졌다.

"여기선 대충 맞장구만 쳐주면 돼. 그리고 중요해 보이는 정보에는 댓글을 달거나 반응을 해줘. 괜히 다른 사람들이랑 언쟁하지 말고 허세 떠는 놈들한테는 부럽다고만 해. 우선 첫인상이 중요하니까."

상진이 이것저것 설명하는 사이에 참여자가 그새 두 명 늘어

1739명이 되었다.

지운은 이 채팅방에 있는 사람들은 다 무엇을 하는 사람들일지 궁금했다. 어떤 직업을 갖고 어떤 생각으로 사는 이들일까. 주식으로 1년에 20억 원을 벌었다는 사람, 자기가 검사라는 사람, 말끝마다 욕을 붙이던 사람(결국 강퇴당했다)… 지운이 들어간 채팅방은 온갖 인간군상의 집합소였다. 익명의 힘을 빌려 자신의 허영과 현시욕을 드러내는 장이자 억눌린 열등감을 해소하는 곳이었다.

한 달 동안 채팅방에 열심히 글을 올리고 다른 회원을 칭찬한 지운은 마침내 기회를 잡았다. 어느 날 저녁 청담동의 분위기 좋은 와인바에서 지운과 상진 그리고 2030 초보 개미방의 방장인 마세라티가 만나기로 한 것이다. 마세라티가 지운에게 고급 와인을 따라주며 말했다.

"지운 씨, 그거 알아요? 사람은 다 급이 있는 거? C급, D급, 폐급… 이런 쩌리들은 평생 돈 못 모아요. 강남 아파트? 꿈도 못 꾸지. 평생 자기들 수준에서 못 벗어나."

"지운아, 방장 형님 재무설계사셔. 이번에 서초구에 아파트 사셨다."

상진의 설명에 지운은 연신 고개를 끄덕였다.

"대단하시네요, 방장님. 나이도 스물아홉 살밖에 안 되셨다고 들었는데 정말 부럽습니다."

"편하게 형이라고 불러. 상진이 동생이면 나한테도 친동생 같은 거야."

격의 없이 편해진 마세라티의 말투에 지운은 왠지 모를 기대감이 생겼다. 이제 시작일까? 행여나 A급 정보를 얻을 수 있을까 싶어 지운은 귀를 쫑긋 세웠다.

"지운아, N물산에서 일한다고? 정규직이라니 잘됐네."

"아니에요, 그냥 사원이고 대기업도 아닌걸요."

마세라티가 미소를 지으며 말했다.

"무슨 소리야, 그 회사 다 알지. 대기업 1차 협력 계열사고 코스닥에도 상장되어 있잖아. 형도 너희 회사 주식으로 재미 좀 봤었고."

"아, 정말요? 전 그런 줄도 몰랐어요, 중소기업이라…."

"많이는 아니고 단타로 한 2000만 원 정도 벌었어. 용돈 벌이 한 거지, 뭐."

세상에, 2000만 원이 용돈이라니. 서초구 신축 아파트, 벤츠 AMG… 지운과 겨우 두 살 차인데 마세라티는 지운이 평생 모아도 못 가질 것을 이미 다 가지고 있었다. 부모님에게 물려받은 것도 아니고 오직 자신의 힘으로 말이다. 마세라티를 보는 지운의 눈이 반짝였다.

"지운이는 뭔가 나랑 잘 맞을 거 같아. 우리 자주 보자."

마세라티가 지운의 어깨를 토닥이며 말했다. 옆에 앉아 있던 상진이 호들갑을 떨었다.

"방장 형님이 이런 말씀 아무한테나 안 하셔. 지운아 진짜 영광인 줄 알아. 한잔 드려, 인마."

"네, 네! 형님 앞으로 잘 부탁드립니다."

지운이 두 손으로 마세라티의 잔에 와인을 따랐다. 마세라티가 물었다.

"지운이 텔레그램 하지? 텔레 비밀방이랑 네이버 밴드도 따로 초대해줄게."

지운은 '나도 이렇게 서서히 채팅방 핵심 멤버가 되어서 조금은 급을 올릴 수 있을까' 하는 기대감에 속이 울렁거렸다.

"흙탕물이 아니라 큰물에서 놀자, 지운아. 네가 잘하면 형이 다른 방에도 초대해줄게. 거기는 진짜 우리나라 1퍼센트가 모여 있는 방이야. 의사, 검사, 로펌변호사, 애널리스트, 연예인들 다 모여 있어. 거기서 진짜 정보를 주고받는 거야."

"그런 방이 있어요?"

"지운아, 너 롤 하지? 티어 어디냐?"

"다이아2입니다."

"오, 꽤 하네. 그래, 지운아. 다이아는 다이아끼리 게임하지? 브론즈랑 안 하잖아. 급이 다르면 대화가 안 되잖아. 실력 차이가 너무 많이 나버리니까."

"그렇죠."

지운이 고개를 열심히 끄덕였다. 마세라티가 말을 이었다.

"주식방도 챌린저, 마스터, 골드, 실버, 브론즈… 이렇게 다 나뉘는 거야. 진짜 S급 방에는 투자회사 대표님, 주식 유튜버 킹콩 님도 있어."

지운의 눈이 순식간에 커졌다.

"100만 유튜버 킹콩 님이요? 세상에 진짜 클래스가 다르네요. 방장 형님도 그 방에 계세요?"

"아니, 나는 아직 그 방 못 들어가. 거기 참여자들은 자산이 최소 100억 원대야. 뭐, 나도 얼마 남지 않았지만."

"존경스럽습니다, 형님."

마세라티가 지운의 잔에 와인을 채우며 말했다.

"그래, 한잔 쭉 하고 다음 주에 형이 너희 회사 근처로 한 번 갈게. 지운이 투자 포폴도 짜주고."

"포폴이요?"

"포트폴리오, 인마! 방장 형님 앞에서 이렇게 무식한 소리 하면 내 얼굴이 뭐가 되냐! 형님 이해하세요. 얘가 순진해서 이렇습니다."

잠자코 듣고 있던 상진이 끼어들며 지운의 등을 손바닥으로 찰싹 때렸다.

"괜찮아, 우리도 다 이런 시절 있었잖아. 처음엔 다 이렇지, 뭐. 그런데 지운아, 너 20대에 성공하려면 어떻게 해야 하는 줄 아니?"

"어… 부모님을 잘 만나야 하는 거 아닌가요?"

마세라티가 빙그레 미소를 지었다.

"그래, 그것도 있지. 그러면 우리 같은 동수저, 흙수저는 평생 가난해야 할까? 아니야. 그렇게 순진하게 살면 안 돼. 그거 죄짓는 거다. 자본주의는 말이야, 언제 깨닫느냐의 싸움이야. 빨리 깨닫는 사람은 살아남고 아니면 계속 도태되는 거야."

"저도 형님처럼 깨닫고 싶은데 방법을 모르겠어요. 어떻게 공부해야 할지…."

"넌 형만 따라와, 인마. 상진이 봐서 컨설팅 비용은 월 70만 원에 해줄게."

갑작스러운 돈 요구에 지운의 동공이 흔들렸다.

"컨설팅 비용이라뇨?"

"야, 지운아! 진짜 방장 형님 앞에서 나 부끄럽게 할래? 이렇게 촌스러워서야… 재무설계도 모르냐? 이러니 아직 돈을 그거밖에 못 모았지. 형님, 제가 대신 사과드릴게요."

상진이 혀를 끌끌 차며 지운에게 면박을 주었다.

"아니야, 상진아. 그럴 수 있지. 우리도 처음엔 어리바리했잖아. 지운아, 너 리딩방은 알지?"

"아, 네. 그건 들어봤어요. 어떤 종목 살지 추천해주고 수수료 받는…."

마세라티가 고개를 끄덕이며 앞에 놓인 치즈를 하나 집어 먹었다.

"그래, 그거랑 비슷한데 형이 하는 컨설팅은 훨씬 체계적인 거야. 형은 단순히 종목만 추천하는 게 아니라 지운이의 자산 전체를 관리해주거든. 재무 상태 점검이랑 투자 포트폴리오 설계까지 다 해주니까. 원래는 매달 150만 원인데 넌 상진이 동생이라 70만 원만 받을게."

"지운아, 얼른 감사하다고 해야지!"

지운은 좀 찝찝했지만 상진의 재촉에 얼떨떨한 표정으로 고개를 꾸벅 숙였다.

"네, 형님. 감사합니다."

"그래, 지운아. 우리 이제 자주 연락하자."

· · ·

일요일 오후 3시, 청담동 로데오 거리의 A 카페. 명품 가방과 시계로 치장한 사람들이 모여 화기애애하게 담소를 나눈다. 포르쉐, 레인지로버 등이 줄지어 주차된 발레파킹 장소 한구석에 지운이 서 있었다. 자신과는 다른 사람들이 즐비한 이 거리에서 지운은 이방인이 된 기분이 들었다.

언젠가 나도 이들 사이에 자연스럽게 녹아들어 당당하고 여유롭게 살아갈 수 있을까? 지운은 상념에 잠겼다. 그날은 마세라티와 지운의 첫 번째 컨설팅 미팅 날이었다. 만나기로 약속한 시간이 10분쯤 지났을 무렵 지운의 앞에 아우디 A7 한 대가 섰다. 창문이 스르륵 열리고 마세라티가 얼굴을 내밀었다.

"여~ 지운이!"

"어, 형님 차 바꾸셨어요? 지난번 차하고 다른데?"

"별거 아냐. 이번 달에 목표 수익 초과 달성해서 세컨드 카로

하나 더 질렀다.”

1억 원짜리 벤츠에 아우디까지… 지운의 눈이 반짝였다.

마세라티와 지운은 카페로 들어가 자리를 잡았다. 카페에서 가장 저렴한 메뉴인 아이스 아메리카노를 홀짝이던 지운에게 마세라티가 말했다.

“지운아.”

“네, 형님.”

“너 자존감이 뭔지 아니?”

“아… 그 자기 확신? 자기 자신을 얼마나 믿느냐 그런 거 아닌가요?”

마세라티는 피식 웃으며 말없이 왼쪽 손목을 걷었다. 시계가 번쩍거렸다. 지운이 태어나서 본 시계 중 가장 화려한 시계였다. 속이 훤히 들여다보이는 시계의 태엽과 부품이 마치 장난감 같았다. 마세라티가 말을 이었다.

“이거 1억 원짜리다. 리처드 밀.”

“1억 원이요?”

히익, 하고 지운이 소리 내어 숨을 들이켰다.

“일반인이 못 찬다, 이런 거. 팔지도 않아.”

마세라티가 씨익 웃으며 테이블에 무심한 듯 벤츠와 아우디

로고가 보이는 차 키를 올려두었다. 반포 아파트 입주민 카드도 함께였다.

"이런 게 자존감이야."

마세라티의 이야기에 지운은 언젠가 《자존감 수업》이라는 책에서 읽은 자존감의 정의가 다 헛소리였다는 생각이 들었다. 2022년 대한민국에서는 집 주소와 계좌가 자존감이었다. 이런 세상의 진리를 왜 이제야 알았을까? 지운은 살짝 분한 마음이 들었다.

"자, 이제 숙제 검사해야지? 지운아, 형이 시킨 거 다 해왔니? 아, 그리고 이제 형님이 아니라 현도 형이라고 편하게 불러."

"네, 현도 형. 형님 블로그와 유튜브 채널, 게시판, 밴드, 트위터에 홍보 글 올렸고요. 추천 글, 리뷰도 작성했습니다."

"그래, 그리고 유미 쇼핑몰 홍보 글 너희 회사랑 하청 업체 게시판에 올렸지?"

"아, 네. 그런데 거기는 여성 의류 쇼핑몰이던데요. 그게 주식 공부랑 무슨 상관이 있는지…."

며칠 전 현도는 지운에게 한 쇼핑몰 링크를 보내며 여기저기에 홍보 글을 올리라고 했다. 지운은 조금 의아했지만 현도에게다 뜻이 있겠지 생각하고 열심히 시키는 대로 했다. 지운의 질문에 현도가 혀를 끌끌 차며 답했다.

"야, 이게 다 인맥이야. 유미 걔가 나중에 10만, 20만 유튜버 되어서 고급 정보 물어다 줄 수도 있잖냐."

"네에…."

지운의 변변찮은 대답에 현도가 인상을 찌푸렸다.

"얘가 또 사람 못 믿네? 지운아, 내 말 잘 들어. 인간은 말이야, 결국 돈과 섹스로 움직여. 욕망을 거부할 수가 없거든. 인맥이라는 게 뭐야? 결국 상대방을 내 편으로 만드는 거야. 그러려면 어떻게 해야 한다? 돈이 많거나 여자를 많이 알아야지, 언더스탠드?"

현도가 말하는 세상의 이치는 학교에서, 부모님에게서 배운 것들과는 너무나 달랐다. 지운은 '이런 이치를 몰랐기에 우리 부모님은 평생 외제 차 한 번 못 타고 서울에 집 한 칸 마련하지 못한 것일까' 우울해졌다. 물끄러미 반쯤 남은 커피잔을 바라보고 있던 지운에게 현도가 말했다.

"지운아, 자본주의는 말이야, 깨닫느냐와 깨닫지 못하느냐의 차이야. 이걸 모르면 평생 낙오자로 사는 거지."

허리디스크 수술도 미룬 채 30년째 식당을 운영하는 아버지와 류머티즘 약을 먹어가며 그 일을 돕는 어머니. 그것이 지운

가족의 현재 주가였다. 낙오자라는 말이 지운의 가슴을 먹먹하게 후벼팠다. 현도가 자리에서 일어났다.

"이제 수업 시작해야지? 자리 옮기자. 스시 오마카세 집 예약해놨어."

서 있는 현도를 올려다보며 지운이 말했다.

"네? 형님, 전 여기도 괜찮은데…."

"인마, 사업 이야기하는 곳은 따로 있는 거야. 이렇게 오픈된 곳에서 어떻게 고급 정보를 함부로 이야기하냐? 프라이빗한 룸에서 해야지."

지운과 현도는 청담동의 고급 일식당으로 자리를 옮겼다. 오마카세 코스의 가격은 한 명당 25만 원이었다. 주류 메뉴판에는 처음 보는 사케와 와인 이름이 빼곡히 적혀 있었다. 지운은 현도에게 또 촌스럽다고 핀잔을 들을까 봐 표정을 관리했다. 곧 유튜버 겸 인플루언서 유미와 유미의 아는 동생 지연이 일식당에 도착했다. 현도는 둘과 잘 아는 사이라고 했다.

현도가 자리를 잡고 앉은 유미와 지연의 앞에 놓인 술잔에 술을 따르며 말했다.

"유미야, 지연 씨, 잘 왔어. 한잔해! 여기는 민지운이라고, S물산 대리!"

"어머, 진짜?"

현도의 거짓말에 깜짝 놀란 지운이 현도에게 귓속말을 했다.

"형, 저 S물산 아니고 협력사… 그리고 사원인데요."

현도가 조용히 하라는 듯 검지를 자신의 입술에 가져다 대며 윙크했다. 그러고는 유미와 지연에게 웃으며 말했다.

"여기 지운이, 이번에 주식으로 2억 원 벌었잖아. 오빠가 종목 알려준 거야."

"진짜? 어떻게? 오빠는 정보를 어디서 들은 건데?"

지연의 눈이 동그래졌다.

"저번에 오빠가 이야기한 리딩방 있잖아. 그거랑 또 오픈톡, 텔레그램."

유미가 지연에게 팔짱을 끼며 말했다.

"지연아, 현도 오빠 진짜 장난 아니야. 이 오빠랑 두 시간만 이야기하면 2000만 원은 그냥 번다?"

지운이 앉아 있는 공간은 꿈과 현실, 거짓과 이상이 진흙처럼 뒤엉켜 있었다. 공기 중에 떠도는 말들이 지운에게는 25만 원짜리 초밥만큼이나 현실감이 없었다. 진짜 이게 맞을까? 정말 이런 방식으로 돈을 벌 수 있는 것일까? 지운은 그것을 판단할 힘이 없었다. 경제력이 자존감인 세상에서 가난한 지운이 아는 것은 아무것도 없었다.

"오늘 여기, 지운이가 쏜다!"

현도가 지운을 턱으로 가리키며 큰 소리로 말했다. 유미가 깜짝 놀란 듯 손으로 입을 가렸다.

"진짜? 현도 오빠가 쏘는 거 아니고? 지운 오빠는 잘생겼는데 돈도 많은가 보네?"

"그럼, 많지! 그리고 나보다 훨씬 더 부자 될 거야. 유미야, 지운이 연봉 5억 원 될 애니까 미리 점찍어둬라."

이것을 내가 계산해야 한다고? 멍하니 앉아 있던 지운의 눈이 당혹감과 불쾌감으로 번쩍 뜨였다. 하지만 현도의 기분을 상하게 할까 봐 지운은 그 자리에서 아무 말도 할 수 없었다.

곧 식사가 끝났다. 연봉 5억 원이란 말 때문인지 빈속에 사케를 몇 잔 들이켰기 때문인지 평소보다 빨리 알딸딸해진 지운은 얼떨결에 카드를 긁었다. 143만 원. 한 끼 식사로 난생처음 보는 금액을 결제한 지운에게 현도가 귓속말했다.

"카톡 확인해봐, 인마. 형이 밥값 넣어놨다."

지운은 현도가 자신을 호구로 본 게 아니라 면을 세워주려 한 것이라는 사실에 안도했다. 홀가분한 마음으로 집으로 가는 택시를 잡아탄 지운은 현도가 보낸 카카오톡 메시지를 확인했다. 거기에는 계좌 이체 내역이 아닌 딸랑 한 줄이 적혀 있었다.

'엑시스타디움.'

당황한 지운이 빠르게 답장을 보냈다.

'형, 이게 뭐예요?'

'밥값.'

'죄송하지만 이게 뭔 소린가요…?'

'ㅋㅋㅋ아이고, 지운아. 너 진짜 나 안 만났으면 어쩔 뻔했냐? 코인이야, 코인.'

· · ·

그날 이후 지운은 주식과 코인 투자로 꽤 수익을 냈다. 상진과 현도는 지운에게 계속 위험한 투자를 권했지만 새가슴인 지운은 둘의 말을 적당히 흘려들으며 리스크를 관리했다. 지운은 검소한 부모님에게 배운 대로 돈을 쉽게 벌 수 없다는 것을 잘 알고 있었다. 혹시 운이 좋아 한두 번 쉽게 돈을 번다고 해도 그렇게 얻은 것은 곧 사라진다는 점도 이미 알았다.

그래도 때때로 흔들렸다. 지운은 어서 수익을 내서 포르쉐 박스터를 사고 싶었다. 근무 중 주식과 코인 투자 앱을 보는 시간이 조금씩 늘어났다. 돈을 잃는 날이 점점 많아졌다. 결국 손실을 메꿔야 한다는 조급함에 현도가 추천해준 코인에 투자했다 몇 분 만에 500만 원을 날리고 지운은 자발적으로 준수의 주식 중독 클리닉에 등록했다. 구로동 주식 클럽에 들어간 것도 그때쯤이었다.

지운은 마음이 조급해지면 구주 클럽 멤버들에게 그런 마음을 솔직히 털어놓았다. 구주 클럽 멤버들은 상진과 현도를 멀리하라고 신신당부했다. 작전주, 세력, 상한가 같은 달콤한 함정에 빠지지 말라고 경고했다. 혼자였으면 몇 번이나 휘둘렸을 테지만 구주 클럽이 있어 지운은 다시 수익을 회복했다. 상진과 현도에게 소심한 놈, 그릇이 작은 놈이라는 비아냥을 들어도 분수에 맞게 무리하지 않고 차근차근 나아가는 것이 자기 방식이라고 여겼다.

문제는 엉뚱한 데서 터졌다. 지운은 또 다시 실수를 할까 봐 지금까지 모아둔 돈을 어머니에게 맡겨둔 상태였다. 문제는 지운의 외삼촌이 코인 백수였다는 것이었다. 그리고 지운의 어머니는 늦둥이 막냇동생에게 유독 약했다.

"그 돈을, 그 돈을 외삼촌에게 다 준 거야? 엄마, 미쳤어! 그거 우리 집 전 재산이야. 내가 평생 모은 돈이라고!"

"미안해, 지운아… 엄마가, 엄마가 너무 미안해….”

외삼촌은 코인 선물옵션으로 지운의 어머니가 빌려준 돈을 딱 2주 만에 모두 날려버렸다. 그리고 어디론가 잠적했다.

선물옵션은 평생 모르는 게 이로운 악마의 속삭임이다. 일반 개미 투자자가 선물옵션에 빠지는 과정은 이렇다. 우선 투자 유튜브 채널에서 추천하는 종목으로 몇 번 수익을 낸다. 채널 운영자가 더 큰 수익을 내고 싶은 사람들은 자기에게 문자 메시지로 '1'만 써서 보내라고 한다. 문자 메시지를 보내면 비공개 카톡방이나 밴드, 텔레그램으로 초대된다. 그리고 채팅방에서 고위험 주식을 추천받는다. 추천받은 종목으로 수익을 내는 데 성공하면 더욱 그 방의 맹신자가 된다. 이 과정을 몇 번 반복하다 보면 어느 날 운영자에게 '더 큰돈을 벌어볼 생각 없느냐'는 연락을 받는다. 그리고 유혹에 흔들려 선물옵션 커뮤니티나 채팅방에 가입한다.

선물옵션 채팅방에 들어가기 전까지는 어쨌든 수익을 볼 수 있는 것이 아니냐고? 고위험 주식을 추천받고 따라서 투자했다가 실패하는 경우도 있다. 놀랍게도 이때도 상황은 비슷하게 흘러간다. 채팅방 운영자가 '일반 주식보다 훨씬 빠르게 손실을 만회하는 방법을 알려주겠다'고 꼬드긴다. 그리고 선물옵션 채팅방에 가입시킨다.

채팅방에 가입하고 나면 보통 500만~2000만 원 정도의 선물옵션 증거금을 요구한다. 그리고 5~10배 레버리지 상품을 추천한다. 여기서 5배 레버리지란 그 종목의 주가가 1퍼센트가 떨어지면 원금에서 5퍼센트 손실이 난다는 뜻이다. 그렇게 추천한 종목에서 수익이 나면 30~50배짜리 종목을 추천하고 손실이 나면 한 방에 복구하라며 30~50배짜리 종목을 추천한다. 그렇게 결국 계좌가 청산당할 때까지 수레바퀴에서 빠져나오지 못한다.

지운의 외삼촌은 비트코인 선물 50배 레버리지, 즉 비트코인이 2퍼센트 오르면 100퍼센트 수익이 나고 2퍼센트 떨어지면 0원이 되는 상품에 어머니가 빌려준 돈 1억 5000만 원을 전부 투자했다. 그중 4000만 원은 지운이 월급과 재테크로 모은 돈이었고 3000만 원은 어머니의 비상금이자 노후 대비 자금이었다. 나머지 8000만 원은 어머니가 은행에서 전세금을 담보로 대출한 돈이었다. 그 말은 몇 달 내로 이자와 원금을 갚지 못하면 유일한 보금자리에서 쫓겨난다는 뜻이었다.

야근을 하다 어머니의 전화를 받은 지운은 회사 건물 옥상으로 올라가 삼촌에게 전화를 걸었다. 하지만 신호음만 몇 번 갈 뿐 연결은 되지 않았다.

"삼촌은 왜 전화가 안 돼? 이 사고를 쳐놓고 왜…!"

지운은 숨이 막혔다. 이게 현실인가 싶었다. 발을 동동 구르고 자기 손등을 세게 꼬집어보았지만 달라지는 것은 없었다. 꿈에서 깨길 바라며 눈을 꼭 감았다 떴지만 여전히 현실이었다. 이런 미친 짓을 하는 사람이 내 삼촌이라니.

지운은 이성이 멈춰버렸다. 그동안 주식 중독 클리닉에서 배운 것들과 구주 클럽 멤버들과 나누었던 다짐들은 물론, 그가 살면서 배운 모든 지식이 축적된 전두엽이 마비되었다. '본전을 찾아야 해. 우리 집을 일으켜야 해. 엄마를 지켜야 해'라는 생각이 머릿속에 가득했다. 하지만 어떻게 그만한 돈을 다시 벌 수 있을까? 월급을 모아서? 삼성전자나 하이닉스로 3퍼센트씩 수익을 내서? 지운은 해가 뉘엿뉘엿 지고 있는 하늘을 멍하니 바라보았다. 점점 어두워지는 하늘이 꼭 자신의 앞날 같았다.

인간이 같은 실수를 반복하는 이유는 몰라서가 아니다. 인지 부조화, 변연계에서 올라온 원초적인 감정, 극심한 불안과 조급함이 이성을 집어삼키기 때문에 잘못된 선택을 한다. 지운 역시 외삼촌의 인지 오류들을 그대로 답습하기 시작했다. '빛을 갚을 방법은 오직 이것뿐이야'라는 과잉일반화와 흑백논리의 오류,

'다음 달까지 빚을 갚지 못하면 집에서도 쫓겨나고 엄마랑 나는 죽는 수밖에 없어'라는 개인화와 파국화의 오류를 거쳐 두 가지 선택지를 떠올렸다.

첫 번째, 구주 클럽 멤버들에게 상황을 털어놓고 도움을 요청한다.

두 번째, 그동안 멀리했던 현도에게 전화한다.

사실 1억 5000만 원이라는 큰 액수에 압도되었을 뿐 지운에게 지금 당장 필요한 돈은 연이율 7퍼센트의 은행 대출 8000만 원이 전부였다. 즉, 한 달에 56만 원 정도의 이자만 갚으면 되었다. 물론 1년 뒤에 원금을 갚지 못하면 대출을 연장해야 했다. 그러면 이자율이 올라가겠지만 지금 당장 원금을 갚아야 하는 것이 아니었기에 실제로 지운과 그의 어머니가 전셋집에서 쫓겨날 확률은 거의 없었다. 하지만 절망의 늪에 빠진 지운에게 그런 계산을 할 이성은 남아 있지 않았다.

지운이 첫 번째를 선택했더라면 정말 좋았을 것이다. 지운은 스크롤을 올려 구주 클럽 채팅방의 메시지들을 쭉 읽어보았다. 왠지 모를 부끄러움이 들었다. 현실의 민지운은 초라한 존재지만 박스터는 아니었다. 게다가 지금 자신에게 필요한 것은 위로나 공감이 아니라 돈이었다. 구주 클럽 멤버들이 진심 어린 위로를 해줄 수는 있겠지만 현실적인 도움을 주지는 못할 것이었다. 지운은 결국 지옥문에 스스로 발을 들였다.

"어, 지운아! 왜 이렇게 오랜만이야. 응? 아, 그래? 마침 형이 A급 정보를 아는데…"

어느새 해는 지고 완전한 어둠이 지운의 주위를 감쌌다.

5장

이영준

6주 차: 인지 오류 극복하기

- 아론 벡Aron Temkin Beck의 열 가지 인지 오류를 배운다.
- '최근에 떨어졌으니 이젠 오르겠지'와 같은 임의 추론의 오류에서 벗어난다.
- 의미 확대와 의미 축소, 과잉 일반화에서 벗어난다.
- 선택적 추상화의 오류, 이분법적 사고, 개인화의 오류에서 벗어난다.
- 근거 중심의 귀납적 사고를 연습하고 이성의 힘을 키운다.
- 빅터 프랭클Viktor Frankl의 역설 의도 기법, 로고테라피를 배운다.
- 대니얼 카너먼Daniel Kahneman을 통해 이성과 직관의 힘을 높인다.

정신과 의사이자 인지 치료의 아버지라고 불리는 아론 벡 박사는 우리가 생각하는 과정에서 흔히 열 가지 오류를 범한다고 말했다. 그는 인지, 감정, 행동으로 이어지는 단계에서 인지 오류가 생기면 왜곡되고 편향된 감정을 갖게 되고 충동적인 행동이나 실수로 이어질 가능성이 크다고 보았다. 인간이 몰라서 같은 실수를 계속 반복하는 것이 아니다. 어떤 지식을 단순히 알고만 있는 것과 숙고의 과정을 거친 뒤 그 내용을 자신의 것으로 만드는 것은 차원이 다르다.

벡이 이야기한 열 가지 인지 오류 중 투자자에게 도움이 되는 오류는 다섯 가지가 있다. 우선 임의적 추론의 오류다. '최근에 떨어졌으니 이젠 오르겠지' 같은 사고다. A 주식의 주가가 최근 많이 떨어졌으니 지금 들어가면 무조건 오를 것이라는 생각은 얼핏 그럴듯해 보인다. 하지만 이 주식이 더 떨어질지, 반등할지는 아무도 알 수 없다. 30일선, 60일선이 다 무너진 주식을 아무 생각 없이 고점 대비 낙폭이 크다는 이유만으로 투자하는 사람들이 있다. 주가 하락은 백화점 폭탄 세일이 아니다. 싸다고 해서 달려들게 아니라 왜 싸졌는지 원인을 정확하게 분석해야 한다.

두 번째는 의미 확대와 의미 축소다. 초심자의 행운으로 수익을 낸 것을 가지고 '나는 주식의 신이야'라고 확대 해석하거나 사는 주식마다 30퍼센트 이상 손실이 났음에도 '이번에는 운이 나빴을 뿐이야'라면서 축소 해석하는 것을 말한다. 이렇게 선택적으로 현상의 의미를 부풀리고 축소하는 이유는 본인의 메타인지 때문이다. 결과와 상관없이 '주식투자를 하고 싶다'는 충동이 전두엽을 지배하고 있기에 이성이 욕망을 제어하지 못하고 스스로 속이는 것이다. 이런 오류를 가진 투자자는 작은 성공에 취해 투자에 당위성을 부여하고 정작 깊게 반성해야 할 큰 실수는 별것 아니라며 무시해버린다.

세 번째는 선택적 추상화다. 'BTS가 유명하니 빅히트는 무조건 오른다' 같은 사고다. 여러 가지 중요한 기준을 다 무시하고 자신이 알고 있는 정보 하나만으로 전체를 판단하는 어리석은 경우다. 숲을 보지 못하고 나무만 보고 맹목적으로 투자하는 실수를 말한다.

네 번째는 이분법적 사고다. '나는 대박 아니면 쪽박, 포르쉐 아니면 마티즈, 한강 뷰 아니면 한강 물'이라고 하는 사람들이 여기에 해당한다. 이들의 기대 수익률은 보통 400퍼센트 이상이다. 1000만 원을 투자하고 4~5배 수익이 날 때까지 기다린다. 당연히 일반 우량주에는 관심이 없다. 작전주, 테마주, 상한가 검색기 등에 관심을 보인다. 이들은 한 번 정한 목표 금액을 절대 수정하지 않는다. 악재가 있든 호재가 있든 주장을 관철한다. 투자가 아니라 대결이나 승부를 하는 인상을 주며 상남자,

자존심 같은 단어에 집착한다. 이미 상한가를 친 종목도 4연상, 5연상을 외치며 '존버'한다. "야, 고작 그거 먹으려고 투자했냐?" 가 입버릇이며 우량주에 투자해 4~5퍼센트 수익을 보고 익절하는 이들을 '쫄보'라며 비웃는다. 보통 주식뿐만 아니라 가상화폐 투자도 병행하는 경우가 많으며 전형적인 도파민형 투자자다.

마지막은 개인화의 오류다. "내가 주식을 사기만 하면 그 회사 주가가 반토막이 나", "사는 주식마다 상장 폐지되는 나는 파괴왕이야"라고 하는 사람들이다. 대주주로서 공매도를 걸었거나 보유한 전환사채의 조기 상환을 실행한 게 아니라면 주가가 떨어진 것과 나는 아무런 상관이 없다. 어차피 떨어질 주식에 잘못 올라탄 것뿐이다.

그럼 이런 인지 오류를 극복하려면 어떻게 해야 할까? 여러 방법이 있겠지만 준수의 주식 중독 클리닉에서는 두 가지 방법을 제시했다.

첫 번째 방법은 심리학자 빅터 프랭클의 로고테라피라는 치료기법 중 '역설의도'라는 이론을 활용하는 것이다. 이 이론은 두 가지 핵심을 이야기하는데 '불안이 너무 과도하면 두려워했던 일이 실제로 현실화가 된다'와 '너무 잘하려고 애쓰면 오히려 집중력이 떨어진다'가 그것이다.

신기하게도 이 이론은 주식투자자에게 잘 들어맞는다. 온종일 주식 창을 들여다보면 불안감에 자꾸 실수를 하게 된다. 장기 투자를 하기로 맹세해놓고 손해를 볼까 걱정되어 사고팔고를 반복하기도 한다. 의지가 약해서가 아니라 노르에피네프린의 과잉과 편도체의 과도한 활성이 전두엽의 기능을 떨어뜨리기 때문이다. 평소보다 10퍼센트 더 불안해지면 판단력과 계산적 사고, 통합적 수행 능력이 10퍼센트 떨어진다. 불안이 심해질수록 멍청해진다는 뜻이다. 돈을 잃지 말아야 한다는 과도한 걱정은 불안감을 높이고 불안감은 주식 창에서 눈을 떼지 못하게 만든다. 집중하면 집중할수록 더 불안해지고 그에 따라 비이성적인 실수를 하게 될 가능성이 높아진다. 즉, 주식 창을 오래 쳐다볼수록 바보짓을 많이 한다는 말이다.

준수는 환자들에게 돈을 잃는 게 너무나 두려워서 불안을 통제할 수 없다면 차라리 돈을 이미 다 잃었다고 가정해보라고 권했다. 잃어도 상관없다는 게 아니라 불안감이 만들 2차, 3차 실수를 미연에 방지해보자는 것이다. 최악의 상황을 떠올리면 뇌에서는 불안보다 분노의 감정이 생기고 이 역동으로 각성 호르몬이 일부 생성된다. 임시방편이지만 패닉을 멈추고 한숨 돌릴 수 있는 시간을 벌게 되는 것이다.

인지 오류를 극복하는 두 번째 방법은 심리학자이자 행동 경제학자인 대니얼 카너먼의 이론이다. 노벨 경제학상을 수상한 카너먼은 인간의 생각을 두 가지 시스템으로 분류했다. 첫 번째 시스템은 직관, 즉 빠르게 생각하기Fast Think고 두 번째 시스템은 이성, 즉 느리게 생각하기Slow Thinking다. 인지 오류에 빠지지 않으려면 직관의 힘을 키워야만 한다. 직관이란 과거의 사고 과정, 이성이 축적되어 만들어진 생각의 현재 수준, 즉 내 사고 능력의 현재 주가다.

준수의 주식 중독 클리닉에서는 환자의 직관을 투자에 적합한 상태로 발전시키기 위해 일상에서도 느리게 생각하기를 훈련하게 했다. 직관의 저돌성을 멈추고 객관적이고 합리적인 사고를 가능하게 하는, 한마디로 내 직관에 의심을 품게 하는 것이다. 마치 재판에서 검사와 변호사의 주장을 듣고 누구의 의견이 맞는지를 숙고하는 판사처럼 말이다.

합리적 추론을 반복하는 습관은 이성을 확장한다. 훈련된 이성은 뉴런의 시냅스를 활성화하기 때문에 똑같은 일을 다시 수행할 경우 신경전달 속도와 효율성이 높아지고 근육의 반응 속도도 훨씬 빨라진다. 완벽하지는 않지만 어떤 조건이 합치되면 발동되는 패시브 스킬처럼 절차 기억procedural memory을 설정하는 것이다.

환자가 이런 훈련이 과연 효과가 있을지 의심을 품으면 준수는 '의자를 여러 번 조립해본 사람이 처음 만드는 이보다 훨씬 빠르고 능숙하게 만들 수 있다'고 이야기했다. 심지어 직접 해보지 않고 유튜브 영상을 눈으로 보기만 했어도 수행 능력이 훨씬 좋아진다. 처음 미역국을 만드는 사람에게 아주 간단한 레시피나 팁만 알려줘도 본래 요리 실력보다 맛있는 미역국을 만들 수 있듯이 말이다.

이렇게 시뮬레이션을 거치면 투자를 할 때도 조금 더 현명하게 판단할 가능성이 높아진다. 매수 타이밍을 결정할 때, 손절과 물타기의 양자택일을 강요당할 때, 폭락장에서 대응 방식을 고민할 때 느리게 생각하기의 효과는 여실히 드러난다.

지나친 불안이 바꿀 수 있는 것은 아무것도 없다. 6주 차에 준수는 늘 '아기 돼지 삼형제'를 떠올렸다. 묵묵히 벽돌을 쌓아서 튼튼한 집을 만드는 막내 돼지의 심정으로 이성의 힘을 키워야 한다. 그렇게 쌓인 고민과 경험의 빅데이터가 직관이 된다.

7주 차: 감정의 분리와 환기

· 강박, 본전에 대한 집착에서 벗어난다.

· 불안의 원인과 시작점을 찾는다.

· 자존감과 열등감, 포모증후군에서 자유로워진다.

· 시각, 미각, 청각, 후각, 촉각 등 다양한 감각을 자극해 스트레스받은 뇌를 이완시킨다.

· 웹툰, 게임, 음악 등 다른 취미로 관심을 돌려서 뇌를 쉬게 한다.

"이영준 씨, 지난주 수업에서 배운 내용 집에서 다시 한 번 떠올려보셨나요?"

"네, 좀 어려웠지만 그래도 재밌었습니다. 대니얼 카너먼의 《생각에 대한 생각》이란 책도 샀는데 좀 어려워서 천천히 읽어보려고요."

"서두르지 않으셔도 돼요. 조금씩, 내 페이스에 맞게, 그걸로 충분합니다. 일주일 동안 별일 없으셨나요?"

"아, 너무 좋은 일이 있었어요! 딸아이가 키즈 모델 선발대회에서 최종 합격했습니다. 경쟁률이 1200 대 1이었는데 아이랑 아이 엄마가 정말 애썼어요. 너무 기쁘네요. 앞으로 걱정도 되고 갈 길도 멀지만 행복합니다."

"영준 씨 책임감이 크시겠군요."

"네, 아무래도 이제부터 시작이니까⋯ 돈도 어마어마하게 들 거 같고요. 그래도 애가 하고 싶어 하고 가능성이 보여요. 어떻게든 뒷바라지해야죠. 대출도 빨리 갚아야 하고⋯."

눈치를 보던 준수는 영준의 기분이 좋은 틈을 놓치지 않고 슬쩍 날카로운 질문을 던졌다.

"이 차장님 같은 경제 전문가가 왜 주식 우울증에 걸리게 되었다고 생각하시나요?"

영준은 가만히 생각에 잠겼다. 몇 초 뒤 영준이 신중하게 입을 열었다.

"처음엔 가족들 때문이라고 생각했어요."

영준은 가난한 어머니, 발목만 잡는 아내, 사랑스럽지만 키우는 데 돈이 끝없이 들어가는 딸⋯ 그러한 환경이 자신을 불안하게 만든다고 생각했다.

"지금은요?"

"제 욕심, 아니 제 불안 때문이었던 것 같아요."

영준을 가장 불안하게 만들었던 것은 사실 영준이었다. 그의 불안은 의도치 않게 가족들에게 필터를 거치지 않고 그대로 전달되었다. 야근이 잦아 피곤해하는 그에게 아내가 '쉬엄쉬엄하라'라고 걱정하면 영준은 이렇게 말했다.

"쉬자는 말이 나와? 이번 달 생활비랑 연기학원비, 영어유치원비가 얼만데."

영준은 아이를 낳고 바로 전업주부가 되어 사회생활을 전혀 모르는 아내가 너무나 답답했다. 집에서 돈을 쓰기만 하니 순진하게 생각한다고만 여겼다.

영준은 그의 어머니에게도 비슷한 태도를 취했다. 어머니는 친척이나 주변 사람들에게 무언가를 베풀기를 좋아했다. 그런 어머니를 보고 영준은 이렇게 말했다.

"어머니 제발 가만히 좀 계세요, 네? 제가 언제 남들처럼 유산 물려달라고 한 적 있어요? 아버지처럼 사고 치지 마세요. 어머니한테 그런 기대 하나도 안 하니까 제발 짐이나 되지 마시라고요."

영준은 배달비 몇천 원이 비싸다며 짜증을 내고 말끝마다 돈, 돈 하던 자신의 모습이 가족을 불안하게 만든 것은 아니었을까 생각했다.

"선생님께서 말씀하셨죠? 생각하는 방식을 바꿔야 한다고요. 아직 정확하게 깨우치지는 못했지만 저는 항상 남 탓을 하고 있었던 거 같아요. 제가 이렇게 돈을 욕심내고 회사에서 무리하게 투자를 하는 이유는 주변 사람과 환경 때문이라고, 그들이 나를 이렇게 만들었다고…. 아니더라고요. 결국 제 열등감이나 경쟁심 때문이었어요."

"누구에 대한 열등감이었을까요?"

"친구들, S대 들어간 고등학교 동창들, 금수저 회사 동기들… 게네들보다 잘나가고 싶었어요. 보란 듯이 인정받고 승진하면 자존감이 높아질 줄 알았어요. 너무 부끄럽네요. 강남 아파트에 입성하고 벤츠를 타고 그러면 다 괜찮을 줄 알았는데 결국 허상이었나 봐요."

"꼭 그렇지만은 않아요."

예상치 못한 준수의 반응에 영준이 되물었다.

"허상이 아니었다고요?"

"왜 그 모든 걸 무의미하다고 생각하세요? 영준 씨가 최선을 다해서 이룬 것들인데. 가족을 위해서였잖아요, 자신만을 위한 게 아니라. 방향이 조금 잘못되었을 뿐 모든 게 부질없는 일은 아니었어요. 영준 씨는 누구보다 열심히 일했어요. 가족을 책임지는 가장이 되려고 월화수목금금금 쉬지 않고 일했죠. 그 노력은 실체가 있어요. 자기 자신을, 내가 했던 노력을 부정하고 과소평가해서는 안 돼요."

준수의 따뜻한 조언에 영준은 어린아이처럼 한참을 울었다. 집에서도 회사에서도 20년 지기 앞에서도 꺼내지 못한 진심이 담긴 눈물이었다.

"선생님, 그럼 제 인생이 잘못된 게 아니라는 말씀이시죠? 그런데 저는 왜 이렇게 제 인생이 망했다고 느껴질까요? 제가 왜 그런 실수를 했던 걸까요?"

"그건… 감정 때문이에요."

"감정이요?"

준수가 고개를 끄덕였다.

"인지가 왜곡되었을 때 생기는 편향되고 부정적인 감정들을 분리하지 못하셔서 그런 겁니다."

증권사에서 일하는 만큼 평소 감정을 최대한 배제하며 살아가려고 노력한 영준에게 준수의 설명은 혼란스럽게 다가왔다.

"그럼 이제 전 어떻게 해야 하나요?"

"쉬세요."

"네?"

"아무 생각 말고, 투자도 일도 다 내려놓고 좀 쉬세요."

영준은 살면서 한 번도 제대로 쉬어본 적이 없었다. 늘 새벽까지 일하기 일쑤였고 주말이나 휴가 중에는 업무 연락을 놓칠까 봐 스마트폰을 손에서 놓지 않았다.

"아예 쉴 순 없어요. 대출도 갚아야 하고…."

"말씀하신 그대로 딱 본업만, 퇴근 후에는 아무 생각도 하지 말고 쉬라는 말씀이에요. 육아는 잠시 아내에게 맡기고 영준 씨는 영준 씨 걱정만 하세요. 두 달 정도는요."

"지금이 딸아이에게 너무 중요한 시기라 그럴 수가 없어요. 그리고 아내와 부모님은 사회 경험이 부족해서 제가 없으면 안 됩니다. 제가 도와야 해요."

"그것도 역시 인지 오류예요."

정곡을 찌르는 준수의 답에 영준은 아무 말도 할 수 없었다. 준수가 말을 이었다.

"영준 씨의 아내, 어머니도 어엿한 성인입니다. 영준 씨는 무의식적으로 그분들을 보호하고 책임져야 할 대상으로 여기며 무시하고 있어요. 자기 역할을 충실히 잘 할 수 있다고 믿지 않는 거죠."

"그거야 아내가 예전에 사고를 쳤으니까요. 어머니는 보이스 피싱도 당하고…"

"과잉 일반화지요."

준수는 아, 하고 깨달음의 탄성을 터트렸다. 자신도 모르게 또 실수를 반복하고 있었다. 준수가 다시 말을 이었다.

"지난주에 말씀드린 과잉 일반화의 오류예요. 한 번의 실수로 상대방을 평가절하하고 무시하는 인지 오류를 범하고 계시는 겁니다. 그리고 자기 자신에게도 그 습관을 적용하고 있어요. 평생 열심히 공부해서 이뤄낸 것, 즉 학벌, 실적 등 칭찬받아 마땅한 것들을 회사에서 잠깐 뒤처진다고 모두 부질없는 것으로 깎아내리고 계신 겁니다."

"나 자신을 무시하는 것 역시 인지 오류였던 거군요. 휴… 치료 중에도 계속 실수를 반복하고 있었네요."

치료를 벌써 반 이상 받았는데 달라진 게 없는 것일까, 하고 영준은 맥이 풀렸다. 준수는 영준이 실망할 것까지 다 예상했다는 듯 차분하고 담담한 표정이었다.

"괜찮아요, 실수는 하고 난 다음이 더 중요하니까요."

"누구나 실수는 하는 거지요, 선생님? 저는 왜 그렇게 나는 실수하면 안 된다고, 절대 무너지면 안 된다고 생각하면서 그토록 독하게 살아왔던 걸까요."

"영준 씨의 완벽주의와 강박 때문이겠지요. 누구의 잘못도 아니에요. 영준 씨도 어머니도 그저 모두 불안했던 겁니다."

"집을 사고 10억 원을 모으면 불안에서 해방될 줄 알았어요. 근데 아니었어요. 계속 무언가 바라게 되고 돈은 아무리 벌어도 부족하고 불안은 끝이 없었어요."

준수는 영준에게 자신이 어떻게 놀고 웃고 행복해하던 사람인지 떠올려볼 것을 제안했다. 3년 전 혹은 10년 전, 아니 초등학생 때 기억을 소환해서라도 말이다. 만화책, 게임, 음악, 콘서트, 당일치기 여행, 명상, 요가, 필라테스… 그 어떤 것이라도 좋았다. 불안과 강박, 과도한 책임감에서 숨 돌릴 틈을 만들 수만 있다면.

준수는 영준에게 어떤 답을 제시할 때가 아니라고 생각했다. 마음의 여유가 없으면 타인의 이야기가 진심으로 흡수되지 않는다. 불안과 두려움은 측두엽의 기능을 감소시켜 청각 기능을 떨어뜨린다. 남의 말을 이해하고 수용하는 능력이 저하된다는 의미다. 따라서 환자가 불안에 직면할 준비가 될 때까지 그의 뇌를 충분히 휴식하게 하고 이완시켜야 한다.

준수는 영준에게 2박 3일이라도 휴가를 가면 좋지만 정말 짬을 내기 어렵다면 점심시간에 웹툰이라도 보면서 일상에 틈을 만들어보라고 이야기했다. 새로운 드라마를 보거나 매운 닭발을 먹어보거나 향수나 디퓨저를 바꿔보거나 평소 듣지 않던 장

르의 음악을 들어보아도 좋았다. 사소한 모든 것이 뇌를 쉬게 한다. 불안과 무기력감에서 감정을 일시적으로 분리하는 감각의 전환 기법이다. '그런다고 뭐가 바뀔까?' 생각한다면 인지 오류의 함정에서 아직 벗어나지 못한 것이다.

. . .

8주 차: 자기 자신을 바로 알기

· 과거의 자신을 중립적, 객관적으로 평가한다.

· 주식, 부동산, 채권, 달러, 금과 원자재 등 나에게 맞는 투자 방법을 찾는다.

· 현재 재무 상태표를 작성하고 투자 레벨을 평가한다.

· 본업에 집중한다.

· 3000만 원의 여윳돈을 마련할 때까지는 현금 확보에 치중한다.

· 자신의 성향을 파악한다(도파민형이냐 세로토닌형이냐, 단기 투자가 맞느냐 중장기 투자가 맞느냐).

서른 살 넘은 성인이 살아온 방식을 바꾸려면 무척 많은 에너지가 필요하다. 매번 회사에 지각할까 봐 걱정하면서도 절대로 아침에 5분 일찍 일어나지 못하는 것이 인간이다. 내일은 절대 늦잠 자지 말아야지, 하고 알람을 다섯 개씩 맞춘다. 밤 10시에 잠자리에 들지만 새벽 1시까지 뒹굴거리며 유튜브를 보느라 자지 않는다. 새벽 1시 30분이 넘어서야 겨우 잠에 들고 다음 날 또 피곤한 채로 늦게 일어난다. 벌게진 눈으로 헐레벌떡 출근하면 상사들의 핀잔이 날아오고 똑같은 하루가 반복된다. 작은 습관조차 이렇게 바꾸기 힘든데 투자 습관을 하루아침에 바꾼다는 것은 결코 쉬운 일이 아니다.

8주 차까지 한 번도 빼놓지 않고 상담을 받으러 온 사람이라면 이제 자신에 대한 최소한의 인사이트는 생겼다고 볼 수 있었다. 변화를 위한 첫 발걸음을 뗄 준비가 된 것이다. 따라서 준수는 이들에게 일기나 가계부보다 더 어려운 숙제를 내주었다. 바로 자기 자신의 재무제표 만들기다.

자신의 재무제표를 만든다는 것은 나 자신을 하나의 주식 종목이라고 생각하고 분기별 영업이익, 자산, 자본, 순이익 등을 계산하는 것을 말한다. 대출 한도는 어느 정도인지, 현재 연봉, 기업으로 치면 연간 영업이익은 얼마인지, 주변에서 모을 수 있는 투자금은 얼마나 되는지, 현재 보유하고 있는 자산의 가치는 어느 정도인지 등을 토대로 자신의 재무 상태표를 그릴 수 있어야 했다.

물론 처음부터 완벽한 그림을 그리려고 욕심내서는 안 된다. 모든 과정을 끝낸 환자들도 초기 단계에선 재무제표라고 부르기도 민망할 정도로 듬성듬성 빈틈이 많은 표를 그렸다. 하지만 준수는 빈칸과 허점을 인정하고 채워나가는 노력을 계속할 것을 요구했다.

준수가 환자들에게 내준 두 번째 숙제는 '나에게 맞는 투자 방법 찾기'였다. 그동안 자신을 어느 정도 객관적으로 돌아보는 시간을 가졌다면 이제는 나에게 어떤 투자 방법에 적합할지 생각해보는 것이다. 반드시 주식투자에만 집착할 필요는 없다. 각자 성향에 맞게 주식, 채권, 부동산, 달러, 금이나 원유 같은 원자재에 골고루 투자하면 되었다.

스스로 결정을 내리고 싶고 돈이 오래 묶여 있는 것을 싫어한다면 부동산보다는 주식에 돈을 투자하는 것이 맞다. 이런 사람들은 주식 중에서도 변동성과 기대 수익이 높은 종목을 선호한다. 모험을 좋아하고 승부욕이 있는 도파민형 투자자들이 이런 선택을 많이 한다.

도파민은 뇌에서 나오는 신경전달물질 중 하나다. 자동차로 따지면 연료 같은 역할을 한다. 우리가 느끼는 열정, 에너지, 활력 등은 도파민에 의해 좌우된다. 새로운 자극을 경험할 때나

강한 쾌감, 흥분을 느낄 때 뇌에서 뿜어져 나오는 것이 바로 도파민이다.

극단적인 도파민형 투자자는 '하이 리스크-초 하이 리턴'을 외치며 위험한 투자만을 고집하기도 한다. 선물옵션을 즐기고 급등주 검색기를 사용한다거나 관리종목, 투자 주의 종목을 골라서 투자한다. 이들은 장기 투자를 돈을 묶어버리고 기회를 놓치게 하는 행위로 인지한다. 단타 매매를 자주 하고 심지어 하루에도 여러 번 주식을 사고판다.

이와 정반대의 성향을 가진 사람들이 세로토닌형 투자자다. 도파민이 사람을 흥분시키고 텐션을 높이는 호르몬이라면 세로토닌은 들뜬 사람을 안정시키고 차분하게 달래준다. 간단히 말해 도파민형 투자자는 도박형 투자자, 세로토닌형 투자자는 적금형 투자자라고 보면 이해하기 쉽다.

세로토닌형 투자자는 안정을 추구하고 위험을 회피하는 성향을 가졌다. 이들은 조금씩 안정적으로 주가가 오르는 것을 좋아하며 변수와 유동성을 무척 불편하게 여긴다. 안정이 최우선이기 때문에 삼성전자나 구글, 맥쿼리 인프라 같은 종목을 선호한다. TQQQ 같은 3배 레버리지 ETF나 선물옵션은 쳐다보지도 않으며 가상화폐 투자자를 미쳤다고 생각한다. 한 번 매수하면 3개월 정도는 들여다보지 않는 편이며 보통 한 종목을 2년 이상 장기 보유한다. 이들은 위험을 감수하는 것을 무척 두려워하기에 신용 미수나 빚투를 하는 경우가 거의 없으며 항상 여윳돈으로만 투자한다.

이런 차이를 설명할 때 준수는 환자에게 도파민형과 세로토닌형 혹은 단기 투자와 장기 투자 중 어떤 것이 옳으며 수익을 잘 내는지 비교할 필요는 없다고 이야기했다. 자신의 성향에 맞는 투자법을 선택하고 시장 환경에 적응할 수 있는 최소한의 유연성을 키워나가면 되기 때문이었다. 아무리 생각해봐도 아직 자신에게 어떤 투자법이 맞는지 확신이 없거나 본업이 너무 바빠서 주식투자를 고민할 시간과 에너지가 부족하다면 이를 그냥 인정하고 ETF 같은 대체 투자를 해버리면 그만이다.

요즘은 투자 고민을 해결해주는 펀드나 금융상품, 재무설계를 도와줄 전문가가 너무나도 많다. 그들의 조언을 충분히 듣고 현재 내가 할 수 있는 최선의 판단을 내리면 된다. 자신이 없다면 스스로 아직 부족하다는 사실을 솔직히 인정하면 된다. 준수는 환자에게 전혀 부끄러워하거나 자존심 상해할 필요가 없다고 강조했다. 정말 못난 행동은 부족함을 숨기려 허세를 부리거나 거짓된 포장으로 자신을 과시하는 것이었다.

준수는 환자들에게 늘 '내신 8등급인 고3이 명문대학교 진학을 고집하는 것은 용기가 아니라 어리석은 행동'이라고 말했다. 냉정하게 자신의 투자 레벨을 평가하고 현재 재무 상태에 맞는 투자 방법을 찾기를 권유했다. 또 무리하지 말고, 유연한 계획을 세우고, 위기상황에 어떻게 대처할지 밑그림을 그려보라고 이야기했다. 이 준비가 되었다면 이미 주식 우울증 치료의 6부 능선을 넘은 것이었다.

‹ Group

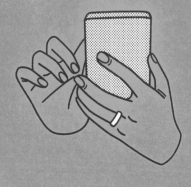

6장

만남

준수의 삶에서 크고 작은 불행은 언제나 갑작스럽게 찾아왔다. 유독 조용하던 어느 날 아침 준수의 병원에 적막을 깨고 전화가 한 통 걸려왔다.

"박준수 원장님이시죠? K대 구로병원 응급실입니다."

준수의 뒤통수로 불안한 예감이 스치고 지나갔다.

"원장님 클리닉에 다니는 환자가 자살 시도를 했습니다. 코마 상태고요."

준수의 머릿속에 여러 이름이 떠올랐다. 누구지? 최근 극단적인 선택을 할 만한 징후를 보인 환자는 없었다. 수화기를 잡고 있는 준수의 손이 덜덜 떨렸다.

"DI인가요? 행잉인가요?"

"행잉입니다. 불행 중 다행은 가족분들이 일찍 발견하신 것 같아요. 대략 여섯 시간 정도 지나 발견한 것으로 추정됩니다.

후속 조치에 참고할 수 있도록 환자가 평소 드시던 약이랑 진단명을 알려주실 수 있으시겠습니까?"

"제가 응급실로 가서 말씀드리겠습니다."

준수는 전화를 끊고 환자의 차트를 챙겨 한달음에 K대 구로병원 응급실로 향했다. 택시에서 내려 얼마나 뛰었는지 숨이 턱 끝까지 차올랐다. 코를 찌르는 피 냄새와 환자들의 신음, 사이렌 소리가 울려 퍼지는 아비규환 속에서 준수는 곧 익숙한 얼굴을 찾아냈다.

민지운, 아니 박스터가 창백한 얼굴로 누워 있었다.

· · ·

- 부자곰 님이 러시앤머니 님, 혜진공주 님과 마석도 님을 초대했습니다. -

부자곰	여러분 긴급 공지 사항이 있습니다.
러시앤머니	뭘까? 좋은 정보라도 있나요?
혜진공주	아직 9시도 아닌데 웬일? 무슨 급한 일 있으세요?
부자곰	박스터 님이 입원하셨어요. 저는 K대 구로병원 응급실에 와 있습니다.

러시앤머니	네? 두 분 서로 아시는 사이였어요? 아니, 진짜요?
혜진공주	사고인가요? 괜찮으신가요?
마석도	….
부자곰	우선 제가 만나서 설명하겠습니다. 여러분의 힘이 필요해요. 우선 모두 여기로 와주세요. 박스터 님 상태가 심각합니다.
러시앤머니	저희 오프라인에서 만나는 건 안 되는데… 아, 제5항!
혜진공주	멤버가 정말 심각한 위기에 빠졌을 때는 모두가 나서서 돕는다.
부자곰	네, 맞아요. 바로 그런 상황입니다. 죄송하지만 바로 와주실 수 있을까요? 시간이 촉박해요.
러시앤머니	네, 가야죠! 지금 바로 갑니다.
혜진공주	저도 아내에게 말하고 금방 출발하겠습니다. 가서 어디로 연락하면 될까요?
부자곰	010-8×××-○○○○로 전화하세요. 제가 응급실 입구에서 기다리겠습니다.
마석도	….

．．．

    곧 은비는 병원 응급실에 도착했다. 부자곰이 알려준 번호로 전화를 걸었다. 은비의 앞으로 너무나 익숙한 얼굴, 준수가 허겁지겁 뛰어왔다. 은비는 준수의 얼굴을 보고 선생님이 왜 여기 있느냐는 듯 어리둥절한 표정을 지었다. 그러다 몇 초 뒤 상황을 파악하고 두 손으로 입을 틀어막았다. 내가 매주 상담을 받는 선생님이 바로 부자곰이었다니! 놀란 은비가 눈을 크게 뜨고 물었다.

    "아니, 선생님! 혹시 선생님이 부자곰 님이었던 거예요?"

    "네, 은비 씨. 많이 놀라셨죠? 죄송하지만 그게 중요한 게 아닙니다."

    사실 조금 전 준수는 멀리서 전화를 걸고 있는 은비를 한눈에 알아보았다. 은비가 누군가에게 전화를 거는 동시에 자신의 스마트폰에 진동이 오는 것을 보며 준수는 은비가 구주 클럽 회원이었다는 사실을 깨달았다. 이미 마석도에게 사정이 있어 오지 못한다는 연락을 받았으니 은비는 러시앤머니 혹은 혜진공주일 것이다. 은비에게 묻고 싶은 것이 많았지만 준수는 놀란 내색을 하지 않았다. 지금은 회포를 푸는 것보다 지운을 돕는

게 급선무였다.

은비는 준수의 얼굴에서 눈을 떼지 못한 채 중얼거렸다.

"와, 세상에… 어떻게 이렇게 감쪽같이….'

"저도 의도한 것은 아닙니다.'

그때 응급실에 말끔한 정장을 차려입은 중년 남자가 빠른 걸음으로 들어왔다. 남자를 알아본 준수가 어리둥절한 표정으로 말을 걸었다.

"영준 씨, 여기는 무슨 일이세요?'

준수의 목소리를 들은 영준이 꾸벅 인사를 했다.

"아 원장님, 이런 데서 다 뵙네요. 아는 사람이 여기 있다고 해서요. 제가 급해서 먼저 가보겠습니다.'

영준은 준수가 뭐라 할 틈도 없이 목례를 하고 급히 발걸음을 옮겼다. 영준은 응급실 한복판에서 주변을 두리번거리며 자신의 스마트폰으로 어딘가에 전화를 걸었다. 그러자 준수의 주머니에서 벨소리가 울렸다. 준수는 전화를 받았다.

"여보세요?'

"부자곰 님, 저 혜진공주…'

몇 발짝 떨어진 거리에 있던 준수와 영준이 서로를 돌아보았다. 수화기 너머의 목소리가 근처에서 동시에 울리고 있었다.

둘은 스마트폰을 귀에 가져다 댄 채로 눈이 휘둥그레져서 서로에게 가까이 다가갔다.

"영준 씨가 그럼…"

"박 원장님?"

혜진공주는 바로 준수의 클리닉에 다니는 영준이었다. 그러고 보니 준수는 영준과 상담을 하다 혜진이라는 이름을 몇 번 들었던 것도 같았다. 서로를 바라보고 놀란 표정을 짓던 둘에게 은비가 말했다.

"이분이 부자곰 님이에요."

영준이 반가운 얼굴로 은비를 보았다.

"아가씨는 누구… 아, 혹시 러시앤머니 님? 그런데 박 원장님이 부자곰 님이라고요?"

"그렇게 됐습니다."

"와… 어떻게, 아니 언제부터 알고 계셨어요? 저만 몰랐던 거예요?"

"저도 지금 알았어요. 대박이다, 정말."

준수가 둘에게 말했다.

"우선 빨리 가봅시다. 박스터 님 상태가 위독해요."

영준이 고개를 끄덕이며 준수에게 물었다.

"마석도 님은요?"

"오늘은 못 오신대요. 카톡으로 연락 주고받으면서 돕기로 하셨습니다."

"박스터에게 무슨 일이 생긴 건가요? 괜찮은 것 맞죠?"

은비가 울상이 되어 물었다. 준수는 말없이 고개를 숙였다.

지운의 상태는 위독했다. 코마상태에 빠진 지 열아홉 시간째였다. 지운의 뇌가 산소를 충분히 공급받지 못하고 있었다. 속수무책으로 시간만 계속 흘러가고 있었다. 골든타임이 얼마 남지 않았다. 목을 매서 코마상태에 빠진 뒤 48시간 내로 의식을 회복하지 못하면 일어날 가망이 거의 없었다. 돌아온다고 해도 사지마비 같은 후유증이 남을 확률이 높았다. 뇌사, 식물인간이 될 가능성도 있었다.

누워 있는 지운을 본 준수, 은비, 영준은 안타까운 마음에 아무런 말도 할 수 없었다. 망연자실 서 있는 셋에게 지운의 어머니가 눈물을 보였다.

"모두 다 제 탓이에요. 엄마라고 하나 있는 게 자식에게 짐만 되고…."

"어머니, 진정하세요. 저희 다 지운 씨를 도우려고 달려왔어요. 어떤 일이 있었는지 자세히 말씀해주실 수 있을까요?"

준수의 부드러운 목소리에 지운의 어머니는 몇 분간 심호흡을 하며 울음을 멈추고 기억을 더듬어보았다.

"그게… 그러니까 우리 지운이가 자꾸 어디에 투자를 해야 한다, 급하다 말을 했었어요. 어디 회사 주식이 급등하니까 돈을 넣어야 한다고….'"

"혹시 어느 회사였나요?"

"이름이 좀 어려워서… 파리, 아니 파이브네트워크?"

"…파이블루네트워크요?"

잠자코 옆에서 이야기를 듣던 영준이 물었다.

"아! 거기 맞는 거 같아요."

은비가 헉, 하고 두 손으로 입을 틀어막았다.

"세상에! 거기 사장이 돈 들고 튀어서 상폐된 곳이잖아요? 우리 박스터 님 어떡해….'"

"어머님, 혹시 지운 씨가 그 회사에 얼마나 투자했는지 아시나요?"

준수는 어머니를 안심시키기 위해 최대한 놀란 기색을 숨기며 물었다.

"확실히는 몰라요. 인감도장을 빌려달라고 하더라고요. 지운이 명의랑 제 명의로 대출을 여러 군데서 받았어요."

여기까지 이야기한 뒤 지운의 어머니는 그대로 주저앉아 넋이 나간 표정으로 흐느꼈다.

"내가 대신 죽었어야 해…. 내가 동생에게 그 돈만 안 빌려줬어도…."

· · ·

셋은 병원 입구 근처의 벤치에 앉았다. 파이블루네트워크는 최근 주가조작으로 투자자들 사이에서 큰 화제가 된 종목이었다. 무리해서, 빚을 내서 투자하지 말자고 그렇게 이야기했건만 지운이 왜 그런 무모한 선택을 했는지 이해할 수 없었다. 한동안 흐르던 적막을 깨고 은비가 말했다.

"선생님 아니 부자곰 님, 혜진공주 님. 우리 힘을 모아서 박스터 돈을 찾아줍시다."

"어떻게요? 저희가 무슨 힘으로…."

영준이 힘없이 물었다.

"구주 클럽이 이렇게 모였는데 뭐라도 해야죠! 우리 박스터 이렇게 보낼 순 없잖아요, 불쌍해서…."

은비의 눈에 다시 눈물이 고였다. 은비는 아까 응급실에서도 한참을 울었다. 어찌나 서럽게 울었는지 간호사가 은비를 지운의 친누나로 착각했을 정도였다. 준수가 분위기를 환기하려는 듯 박수를 두 번 쳤다.

"자 여러분, 우선 각자 자기소개를 합시다. 우리가 서로 뭘 할 수 있는 사람인지 알아야 박스터 님을 도울 수 있어요. 전 아시다시피 정신과 의사고 이름은 박준수입니다."

영준이 고개를 끄덕이며 말했다.

"저는 이영준이고 H투자증권 차장입니다. 구주 클럽 닉네임은 혜진공주고요. 파이블루네트워크 재무제표랑 IPO 상장 예비심사 때 서류 확인해볼게요. 혹시 불법 요소나 허위 사실이 드러나면 피해자들이 단체로 구제신청이나 소송을 진행해볼 여지가 있을 것 같아요."

"저는 최은비고요. S은행 대리예요, 대출심사과…"

은비는 말을 끝내지 못하고 울먹이기 시작했다. 은비는 눈물이 흐르는 것을 막기 위해 연신 소매로 눈가를 훔쳤다. 준수가 안쓰러운 표정으로 은비에게 말했다.

"러시앤머니 님은 지운 씨 어머님 모시고 은행에 가서 박스터가 정확히 어디서 대출을 받았는지 확인해주세요. 이자율이랑 만기일 등도요. 혜진공주 님은 혹시 개인회생 신청이 가능할지 변호사님하고도 이야기해주세요."

"네, 그런데 제가 아는 변호사가 없는데…."

"제가 변호사 한 분을 알아요. 저희 은행에서 자문해주시는 분인데 경제 전문 변호사시고 친절한 분이세요. 성함은 한진이고요."

코를 훌쩍이던 은비가 영준에게 연락처 하나를 전달했다. 준수가 벤치에서 일어났다.

"잘되었네요. 그럼 각자 알아보고 내일 다시 연락해요. 상황 단톡방에도 공유해주시고요."

은비와 영준도 고개를 끄덕이며 자리에서 일어났다. 은비가 무언가 생각났다는 듯 '참!' 하고 말을 꺼냈다.

"마석도 님은 오실까요?"

준수는 잘 모르겠다는 듯 어깨를 으쓱했다. 정신과 의사로서 마석도에게 무언가 말 못 할 사정이 있을 것이라는 직감이 들었다. 다시 마석도에게 연락을 해봐야겠다고 생각하며 준수가 말했다.

"저는 여기 남아 있을게요, 보호자 한 명은 있어야 하니까…. 응급실 의사들과 계속 상의도 해야 하고요. 오늘 많이 놀라셨을 텐데 이렇게 빨리 모여주셔서 고맙습니다."

"무슨 말씀을요, 지금 박스터에겐 우리뿐인 걸요."

"맞아요, 다들 힘내시고 내일 다시 연락해요."

애석하게도 그날따라 하늘에는 구름 한 점 보이지 않았다.

· · ·

부자곰   여러분, 마석도 님은 사정이 있어 온라인에서 저희를 도와
             주신다네요. 저도 이번에 알았는데 마석도 님은 프로그램
             개발자시래요. 아마 큰 도움이 될 거 같아요.

러시앤머니   오 대박, 그러면 막 프로그램 해킹 같은 것도 하실 수 있고
             그런 거예요?

부자곰   자세히 여쭤보진 못했지만 어지간한 회사 프로그램은 뚫
             을 수 있다고 하셨으니 아마 실력 있는 해커 같아요. 다만
             이건 꼭 저희만의 비밀로 해야 합니다.

혜진공주   알겠습니다. 정말 다행이네요. 참, 제가 파이블루네트워크
             를 좀 조사해 왔습니다. 금융감독원에 다니는 아는 친구에
             게도 자세히 물어보고요.

러시앤머니   저도 파이블루네트워크의 김수형 대표 개인 계좌, 법인 계
             좌 등을 좀 파헤쳐봤어요. 저축은행이랑 개인 사채는 물론

이고 차명계좌가 얼마나 많던지 처음부터 작정하고 사기

치려고 한 것 같아요.

부자곰   잘되었네요. 저희가 모은 정보를 마석도 님과 공유합시다.

각자 모은 정보랑 파일들 카톡방이나 클라우드에 공유해

주세요.

혜진공주   박스터는 아직 의식이 없나요?

부자곰   네, 의식을 잃은 지 벌써 42시간이나 지났어요. 시간이 얼

마 안 남았지만 박스터는 물론 우리 모두 포기하면 안 됩

니다. 분명히 우리가 할 수 있는 게 있을 겁니다.

러시앤머니   시간이 얼마 남지 않았다니요?

부자곰   그건… 나중에 말씀드릴게요. 박스터 님은 분명 괜찮을 겁

니다.

준수는 의식이 돌아오지 않는 지운을 보며 한숨을 쉬었다.

파이블루네트워크는 전형적인 주가 조작 사건이었다. 보통

주가 조작 사건에는 세력이 존재한다. 세력은 개인 수준에서

큰 자금을 운용하는 사람들, 전업투자자 집단을 말한다. 이들은

보통 20억 원에서 200억 원 정도의 자금을 굴리는데 운용금이

1000억 원이 넘는 슈퍼개미가 단일세력이 되는 경우도 있다.

이 세력들은 보통 코스닥 시가총액이 300억~700억 원대 수준의 작은 회사를 타깃으로 삼는다. 1일 거래대금이 30억~50억 원 수준의 회사들이다.

쉽게 이해할 수 있도록 가 회사의 예를 들어보자. 가 회사는 최근 여러 사정으로 경영이 무척 어려워진 코스닥 상장사다. 가 회사의 대표 A는 M&A* 방식으로 B에게 회사를 넘긴다. 가 회사의 인수자 B는 페이퍼컴퍼니의 사장이다. A와 B는 한패로 둘은 '먹튀'할 계획을 세운다.

가 회사의 주식을 담보로 B는 은행에서 대출을 받는다. B는 A에게 그 돈을 주고 회사를 넘겨받는다. A는 큰돈을 쥐고 회사를 떠난다. B는 자기 돈 한 푼 없이 가 회사의 주인이 되었다(대출은 남아 있지만). 그리고 차명계좌, 지인 섭외 등 본인이 가진 자본력을 총동원해 가 회사의 주식을 사기 시작한다. 즉, 자기 회사의 주식을 스스로 사거나 친구가 사게 해서 상한가를 만드는 것이다. 규모가 작은 가 회사는 30억 원 정도만 모여도 상한가를 만들 수 있다.

상한가를 치면 사람들이 관심을 두기 시작한다. 이때 신기

• 인수합병

술이 개발된다거나 해외 대기업과 MOU를 체결했다는 식으로 거짓 정보를 퍼뜨린다. 허위 기사를 내거나 유튜브, 인플루언서, 실시간 검색창을 활용한다. 장부 조작, 회계·재무 조작을 통해 이번 분기 어닝 서프라이즈, 흑자 전환 등의 소문도 퍼트린다. 경제지 기자를 매수해서 모 대기업이 가 회사의 신기술에 투자를 고려 중이라는 허위 기사도 낸다. 기자는 차후에 오보를 인정하고 사과한 뒤 정정보도를 하면 그만이다.

이 과정을 반복하며 상한가를 오가는 동안 B를 포함한 세력은 충분한 돈을 벌고 모든 주식을 팔아치운다. 이 주식은 온전히 개미들에게로 넘어간다. 은행 빚만 남고 경영이 정지되어버린 가 회사는 폐업 수순을 밟는다. 이것이 바로 파이블루네트워크 사건이 일어난 과정이었다.

심각한 얼굴로 지문을 바라보던 준수의 카카오톡 창에 영준의 설명이 이어졌다.

혜진공주 보통 이런 주가조작은 규모가 몇백억 원 수준이거든요. 몇천억 원 단위가 되면 정부나 금감원에서 내버려두지 않으니까…. 그런데 파이블루네트워크는 아예 작정하고 1조 원을 해 먹었어요. 이 정도면 정부나 은행의 고위 간부와도 커넥션이 있었을 것 같아요.

러시앤머니 파이블루네트워크 이름으로 대출을 받은 인수자가 마이클 강, 강재호란 사람이에요. 강재호는 파운드라이트컴퍼니라는 회사 대표직도 함께 맡고 있어요. 아마 유령회사일 텐데 김수형, 강재호 이 사람들 차명계좌만 해도 스무 개가 넘어요.

부자곰 차명계좌로 자기 주식을 사서 주가를 띄우고 통정 거래를 반복한 거네요. 그럼 손쉽게 상한가를 칠 테고요. 그걸 리딩방에 지라시로 퍼뜨린 거예요. 피해 본 사람이 지운 씨만 있을 것 같지는 않은데….

혜진공주 현재까지 밝혀진 피해자만 5000명이 넘고 개인 투자자 피해액은 5000억 원 이상이에요. 전국적으로 해 먹었네요. 이 정도면 특경법 적용 대상일 겁니다.

부자곰 특경법이요?

혜진공주 아 네, 특정경제범죄가중처벌법이요. 피해액이 크면 적용될 수 있다고 들었던 것 같아요. 변호사님도 그렇게 보시더라고요.

러시앤머니 강재호는 불법 토토 사이트도 운영한 기록이 있어요. 아마 그 불법 자금도 이번 작전에 이용되었을 것 같아요. 그런데

이 사람들 저희 은행에서는 회사와 개인 명의로 각각 20억 원, 5억 원을 대출받은 기록밖에 없어요. 이 정도 금액만으로도 주가조작이 가능할까요?

혜진공주 원래 작전 세력들은 제1금융권에서 돈을 빌리지 않아요. 꼬리를 밟히기 쉬우니까. 저축은행도 흔치 않고 사채업자한테 빌릴 확률이 큰데 들킬 위험을 감수하고 1금융권까지 갔다는 건…

러시앤머니 마지막으로 크게 해 먹고 잠적할 의도라는?

혜진공주 맞아요, 아니면 그만큼 돈이 급했다는 의미겠죠. 그리고 강재호란 사람이 또 다른 법인이나 펀드를 운영했을 수도 있어요. 누가 정확한 인수자인지 헷갈리게 하는 방법인데 그렇게 되면…

러시앤머니 꼬리 자르기가 쉽다?

혜진공주 그렇죠. 아마 한두 번 해본 솜씨가 아닐 겁니다.

부자곰 이전에 주가조작 혐의를 받았거나 상장 폐지된 회사 중에 강재호, 파운드라이트컴퍼니와 관련 있는 기업이 있는지 알아봅시다. 자금을 모으는 과정에서 분명히 불법 정황이 있었을 거예요.

혜진공주 아마 일차적으로 입금을 받는 일반 직원이 있었을 거고 그

자금을 전달받은 중간책이 가상화폐를 여러 번 사고파는 방식으로 전자지갑을 거쳤을 겁니다.

부자곰   아… 그러면 경찰도 추적하기 어렵겠네요.

혜진공주   네, 아무리 체인 어낼리시스[*]에 통달한 수사관이라고 하더라도 전자지갑으로 흩어졌다가 모였다 하는 가상화폐들을 다 추적하기란 쉬운 일이 아니죠.

러시앤머니   그러면 어떡해요? 그놈들 잡을 방법이 없는 거예요?

여기까지 읽은 준수는 크게 한숨을 쉬었다. 이제 더 이상 지운을 도울 방법이 없을까? 그때 잠자코 있던 마석도의 메시지가 도착했다.

마석도   다크어벤져는 가능합니다.

러시앤머니   그건 또 누구예요? 초딩도 아니고 다크어벤져가 뭐야….

마석도   제가 해커였을 때 썼던 이름이에요. 참고로 그걸로 놀리시면 탈퇴합니다.

● chain analysis, 블록체인 분석

마석도의 계획은 이론적으로는 무척 단순했다. 해킹 프로그램으로 파이블루네트워크의 회계팀, 재무팀 PC에 들어가서 중간책들의 전자지갑 입출금 자료를 복사한 뒤 금감원에 익명으로 제보하는 것이었다. 이미 수많은 피해자가 금감원에 민원을 접수한 사안이고 수사가 진행 중이니 확실한 증거가 있다면 특경법 위반으로 구속도 가능할 것이다.

문제는 시간이었다. 김수형은 프랑스 국적을 가지고 있었다. 게다가 이미 모든 자산을 비트코인이나 다른 가상화폐로 바꿨을 것이 분명했다. 그리고 아마 이미 범죄인 인도조약이 체결되어 있지 않은 해외로 도주해서 숨어버린 상태일 것이었다.

러시앤머니   그럼 이미 모든 게 끝난 것 아니에요?

혜진공주   음… 조력자들이 모두 해외로 도망가진 못했을 겁니다. 한국에 가족이 있는 사람도 있을 테니까요. 특히 정치인이나 은행 고위 간부들은 하루아침에 잠적해버리면 오히려 의심을 살 겁니다. 남아서 증거를 인멸하고 흔적을 지우는 역할을 맡은 놈들이 분명히 있을 거예요.

부자곰   그 핵심 관련자들이 주변을 정리하고 해외로 도망치기 전까지 긴급출국금지라도 시켜놓아야 할 텐데요. 그러려면 일단 그들이 연루되었다는 증거자료가 필요할 거예요.

러시앤머니　　그놈들도 나름대로 무슨 대비책을 세워놓지 않았을까요?
　　　　　　　당연히 조사받을 걸 예상했을 테니까요. 이런 해킹에 대한
　　　　　　　방어라든지….

혜진공주　　　김수형이 고용한 해커들과 마석도 님의 싸움이 되겠군요.

마석도　　　　세 시간 이십 분이면 뚫립니다.

부자곰　　　　그렇게 빨리요?

마석도　　　　새로 만든 해킹 프로그램이 이미 파이블루네트워크, 파운
　　　　　　　드라이트컴퍼니 방화벽을 공격하고 있어요. 세 시간 이십
　　　　　　　분이면 뚫릴 겁니다.

러시앤머니　　와, 마석도… 아니, 다크어벤져 님 클래스!

혜진공주　　　잘되었네요. 그럼 러시 님과 마석도 님은 자료 확보되는 대
　　　　　　　로 경찰과 금감원에 제보해주세요. 저는 피해자 대표랑 변
　　　　　　　호사님 만나서 구제나 회생 신청이 가능할지 확인해보겠
　　　　　　　습니다.

부자곰　　　　박스터 님 돈 되찾을 수 있을까요?

혜진공주　　　어려울지도 몰라요. 폰지 사기와 비슷하기는 한데… 리딩
　　　　　　　방에 있었던 투자자들이 사전에 위험을 전혀 인지하지 못
　　　　　　　했다고 하기엔 무리가 있을 거예요.

러시앤머니   그래도 하는 데까지 해봐야죠! 그놈들은 또 같은 짓을 반
복할 거예요. 다음 피해자가 생기는 걸 막기 위해서라도 뭐
라도 반드시 해야 해요.

부자곰   맞아요. 결과가 어찌 될지 모르지만 지금 우리가 할 수 있
는 걸 해봅시다.

· · ·

지운이 의식을 잃은지 48시간이 지났다.

지운의 침상으로 오는 응급실 의사들의 발길이 점점 뜸해졌
다. 생체활력징후는 안정되었지만 여전히 지운의 멘털은 코마
상태였다. 준수는 야속하게 흘러가는 시간을 어떻게든 붙잡고
싶었지만 할 수 있는 일은 아무것도 없었다. 이틀간 오열과 혼
절을 반복한 지운의 어머니는 지운의 발치에 무기력하게 엎드
려 있었다.

그때 응급실 치프 레지던트가 다가와 조용히 보호자 면담을
요청했다.

"외람되지만… 평소 환자와 보호자 분께서 장기 이식에 대해
어떤 생각을 가지고 계셨는지요."

올 게 왔다. 준수는 눈을 질끈 감았다. 코마상태가 시작되고 48시간이 지나면 장기이식센터에서 조사를 시작한다. 환자가 기증 서약을 한 사람인지, 그렇지 않은 경우 보호자가 대리 서약을 할 의사가 있는지 확인한다.

지운의 어머니는 그 말을 듣자마자 다시 울부짖으며 그대로 쓰러졌다. 응급실 의사는 괴로워 보였지만 묵묵히 전해야 할 말을 이어갔다.

"이보다 더 시간이 지체되면 뇌사상태가 될 우려가 있습니다. 그렇게 되면 다른 장기들도 기능을 할 수 없게 되지요. 아드님께서 다른 환자분들에게 새 생명을 줄 기회가 있습니다. 이런 말씀을 드리게 되어 너무나 죄송하지만… 고민해보실 것을 부탁드리겠습니다."

'지운 씨 돌아와요, 제발. 너무 늦지 않게…' 하고 준수는 속으로 중얼거렸다.

지금 이 순간도 지운의 뇌는 산소를 제대로 공급받지 못하고 있다. 서서히 그의 뇌가 죽어갔다. 드라마에서는 한 달 혹은 1년을 식물인간 상태로 있다가도 기적적으로 깨어나 멀쩡히 의식을 회복하는 경우가 있지만 현실은 그렇지 않았다. 그런 케이스는 만의 하나에 불과했다. 이제는 혹시나 깨어난다고 해도 언어

장애, 기억장애, 전두엽 손상이 남을 가능성이 높았다. 사지가
마비되는 경우도 허다했다. 48시간이라는 골든타임은 허망하
게 지나가버렸다. 보통 응급실에서는 72시간을 마지노선으로
잡았다.

이제 지운에게는 24시간밖에 남지 않았다.

7장

마석도

한낮이지만 마석도의 집은 창마다 달아놓은 암막 커튼으로 빛 한 줄 들어오지 않았다. 한강이 보이는 서울 중심부에 위치한 마석도의 집에는 모니터가 여러 대 달린 고성능 PC가 거실 한복판에 있다는 것 빼고는 특별한 것이 없었다. 삶을 유지하는 데 필요한 최소한의 가구만이 겨우 자리를 차지하고 있었다. 그나마도 언제 사용했는지 먼지가 앉아 있었다.

박스터의 소식을 들은 마석도의 심장이 두근거렸다. 마석도는 "가야 해. 사람들이 나를 필요로 하고 있어"라고 중얼거렸다. 집 안이 어찌나 조용한지 마석도의 작은 목소리가 그의 52평짜리 집에 메아리가 되어 울렸다.

— 제5항, 멤버가 정말 심각한 위기에 빠졌을 땐 모두가 나서서 돕는다.

지금이다. 바로 지금 마석도는 반드시 병원에 가야만 했다.

그의 귓속이 쿵쿵대는 심장 소리로 가득 찼다. 마석도는 제자리를 계속 빙글빙글 돌았다.

마석도는 침을 꿀꺽 삼키고 무언가 결심한 듯 현관으로 성큼성큼 걸어갔다. 문을 열려고 손을 뻗자 어김없이 그놈이 찾아왔다. 공황발작이었다. 마석도의 등줄기에 소름이 돋고 식은땀이 흘렀다. 누군가 그의 목을 조르는 것같이 숨이 쉬어지지 않았다. 시야가 좁아졌다. 이대로 죽을 것처럼 심장이 뛰었다. 맥박이 130, 140을 넘어 180회에 달하는 듯했다. 머리가 터져버릴 것 같았다.

문을 열고 나가야 했다. 마석도는 빨리 박스터와 구주 클럽 멤버들에게 달려가고 싶었다. 하지만 저 문을 열 수가 없었다. 마석도는 현관문 앞에 주저앉아 눈물을 흘렸다.

쿵쿵쿵.

마석도는 누군가 대문을 발로 차는 소리를 들었다. 트라우마가 된 오래된 기억들이 그의 머릿속에 선명하게 떠올랐다. 더러운 것을 보는 듯한 차가운 눈빛과 윽박지르는 목소리, 잡히는 것은 무엇이든 던지고 보는 손. 저 문을 열면 분명 그 사람이 서 있을 것 같았다.

'네 엄마처럼 나를 거역하겠다는 거야? 절대 용납 못 해!'

'나약하고 멍청한 네 엄마랑 하는 짓이 똑같구나. 손목 긋는 걸로 협박이 될 것 같아? 몇 번을 그어봐. 내가 눈 한 번 깜빡하는지.'

마석도가 두 손으로 귀를 꽉 막았다.

• • •

마석도의 아버지는 S대 법대를 졸업한 대형 로펌의 변호사였다. 그는 모든 사람에게 젠틀하고 다정한 미소를 지어 보였지만 딱 두 명, 그의 아내와 마석도에게만은 예외였다.

마석도의 아버지는 사회에서는 완벽한 가면을 썼지만 집 안에서는 그 가면을 벗어 던지고 폭군이 되었다. 그는 가족들 앞에서 자신의 공격성을 전혀 숨기지 않았다. 매일 술을 마시고 물건을 잡히는 대로 던졌다. 천한 년, 못 배운 년, 멍청하게 임신을 해서 검사장이 되는 데 방해만 된 년… 이것이 그가 아내를 지칭하는 말이었다. 그리고 자신의 하나뿐인 자식은 '내가 뼈빠지게 벌어온 돈을 낭비하는 기생충'이라고 불렀다.

마석도의 아버지는 시골에서 감자 농사를 짓던 가난한 집의 외아들로 태어났다. 마을에서 알아주는 신동이자 집안을 일으

킬 기둥으로 여겨지던 그는 S대 법대 3학년 시절 같은 학교 미대 신입생을 만났다. 그리고 그 여학생에게 혼전임신을 시켰다. 그렇게 마석도가 태어났다.

아버지가 유독 폭주하던 어느 날 마석도는 용기를 내 어머니에게 '차라리 엄마와 둘이서 살고 싶다'고 이야기한 적이 있었다. 어머니는 마석도를 타이르며 이렇게 말했다.

"아버지가 일 때문에 힘드셔서 그러는 거야. 아버지를 방해해서는 안 돼."

마석도의 어머니는 남편이 자신을 사랑한다고 믿었다. 그렇게 생각한 유일한 근거는 임신한 자신을 버리지 않았다는 것이었다.

야망이 컸던 마석도의 아버지는 부잣집 딸과 결혼해서 신분 상승을 하는 것이 인생 목표였다. 그리고 실제로 마석도의 어머니는 부유한 가정환경을 가지고 있었다. 그래서 여자친구가 임신했다는 소식을 듣고 자신이 모두 책임지겠다고 호언장담했다. 문제는 마석도의 외할아버지가 딸이 별 볼 일 없는 남자친구의 아이를 임신했다는 사실을 알고 낙태를 종용했다는 것이었다. 마석도의 어머니는 이를 거부하고 가족들과 연을 끊었다. 잘 다니던 학교도 자퇴했다. 평생 온실 속 화초처럼 그림만 그리고 살아온 마석도의 어머니는 세상에서 고립된 채 남편만 보고 살게 되었다.

마석도의 아버지는 아내가 친정과 연을 끊는 바람에 자신의 출셋길이 막혔다고 생각했다. 그래서 늘 가족을 장애물로 여기고 폭언과 폭력을 일삼았다. 화장품 하나 과자 하나를 살 때도 가계부에 모든 것을 기록하라고 했다. 그리고 매일 가계부를 검사했다. 그는 매일 새벽 1, 2시쯤 집에 귀가하곤 했는데 아내와 자식이 아버지를 기다리지 않고 먼저 자고 있으면 갖은 횡포를 부렸다.

"내가 벌어준 돈으로 호의호식하는 거지 같은 놈들이! 가장은 일하느라 쌔가 빠지게 고생하는데 잠을 처자?"

하지만 마석도의 아버지가 착각하는 게 하나 있었다. 아내와 자식이 '누린다'고 주장하는 모든 것 중 실제 그들의 것은 아무것도 없었다는 점이었다. 마석도 가족이 사는 강남 아파트, 타고 다니는 벤츠를 비롯한 모든 재산은 마석도 아버지의 명의였다. 그들은 마석도의 아버지가 한 달에 쓰는 돈의 10분의 1도 채 쓰지 않았다. 마석도와 그의 어머니는 구멍 난 양말과 속옷을 몇 년씩 기워 입었다. 마석도는 온갖 쌍욕을 들을 것을 각오하고 아버지에게 학원비와 교재비를 타 썼다. 아내가 평생 명품 가방 하나 없이 지내는 동안 마석도의 아버지는 3000만 원짜리 골프채를 다섯 번이나 바꾸었고 800만 원짜리 명품 양복을 입고 다녔다. 그의 와이셔츠 소매에 달린 단추 같은 것(마석도는 그것이 커프스 버튼이라는 사실을 나중에서야 알았다)이 그의 아내와 자식의 한 달 생활비보다 훨씬 비쌌다.

"그래도 너희 아버지는 가족을 사랑하신단다. 아버지를 미워하면 안 돼."

마석도는 일찍이 어머니를 보고 가스라이팅이 무엇인지를 깨달았다.

마석도가 중학교 1학년이 되었을 때 마석도의 어머니는 여섯 번째로 자해를 해서 응급실에 실려 갔다. 학교 수업을 마치고 어머니가 입원했다는 병원에 갔더니 처음 보는 아저씨가 어머니 곁에서 울고 있었다. 성숙한 마석도는 이 상황이 드라마에서 보던 그거구나, 하고 알아차렸다. 마석도는 부모님의 불륜을 알아챈 또래와는 다른 반응을 보였다.

'그래, 엄마라도 도망가. 너무 많이 맞고 너무 많이 힘들었잖아. 엄마는 이제 겨우 서른네 살인걸. 이제부터라도 아프지 말고 행복해. 아버지가 찾지 못할 만큼 멀리멀리 도망가.'

6개월 뒤 남편에게 평소보다 훨씬 심하게 맞은 날 마석도의 어머니는 캐리어에 짐을 쌌다. 멍하니 서서 모든 광경을 지켜보던 마석도에게 어머니가 말했다.

"엄마 외할머니 집에 며칠 다녀올게. 금방 올 테니까 밥 잘 챙겨 먹어."

14년 동안 한 번도 가지 않은 외할머니 집에 간다니. 어머니의 손에 들려 있는 여권을 애써 외면한 채 마석도는 필사적으로 웃었다.

"나는 괜찮아, 엄마. 걱정하지 마."

그게 마지막이었다.

그때부터 마석도는 아버지의 폭력을 혼자서 전부 감내하게 되었다. 마석도의 아버지는 마석도의 배와 가슴을 발로 차거나 뺨을 때렸다. 아무런 반응도 하지 않고 아버지의 폭행을 참아내던 마석도는 속으로 이런 생각을 했다.

'엄마, 이걸 어떻게 14년이나 견뎠어? 나 대신 이걸 참아주다니 고마워, 엄마.'

마석도는 그동안 대체 왜 어머니가 아버지를 경찰에 신고하지 않는지 의문이었다. 궁금증은 너무 쉽게 풀렸다. 아버지가 던진 술병에 이마가 찢어져 응급실에 갔던 날 마석도는 아버지를 아동 학대로 신고했다. 아무 걱정 말고 자기들만 믿으라던 사회복지사와 경찰은 아버지가 대형 로펌의 변호사라는 말을 듣고는 "이봐요 학생, 거짓말하거나 과장을 하면 안 돼요"라며 태도를 바꾸었다.

아버지의 연기도 대단했다. "아내가 허언증과 우울증이 심해서 정신과 치료를 오래 받았고 아이도 그 영향을 좀 받았습니다. 아내는 저희를 버리고 다른 남자와 도망쳤어요. 모든 게 제가 부족해서 생긴 일입니다…"라며 눈물 흘리는 싱글 대디의 말을 누가 의심하겠는가. 마석도는 법의 보호를 받을 수 없는 현실에 부딪히고 나서야 어머니가 왜 그렇게 손목을 그어댔는지 깨달았다. 도망칠 방법이 그것밖에 없었던 것이다.

마석도가 두 번째로 손목을 그었던 날 그는 두 가지 사실을 알게 되었다. 첫째는 자살을 하려면 대단한 용기가 필요하다는 점이었다. 죽을 정도로 손목을 깊게 베려면 엄청난 아픔을 참아야 했다. 둘째는 미성년자는 정신과 상담조차 마음대로 받을 수 없다는 것이었다.

응급실에 실려 간 마석도는 자신을 도와주려고 여러 번 애쓰는 젊은 의사 한 명을 만났다. 하지만 그러면 그렇지, 그의 아버지가 나서서 의사의 손길을 가볍게 물리쳤다. 마석도는 고작 레지던트의 힘으로는 소시오패스 아버지에게서 도망칠 수 없다는 사실을 다시금 깨달았다.

죽을 용기도 없고 도와줄 사람도 없다는 사실을 알게 된 밤 마석도는 한 가지를 결심했다. 스스로를 구해내기로. 마석도는 아동 학대의 증거를 모으기 위해 방과 거실, 부엌에 소형 카메라를 설치했다.

마석도는 그렇게 5년 동안 가정 폭력의 증거가 될 사진과 영상, 외상에 관한 병원 기록, 진단서를 차곡차곡 모았다. 만 스무 살이 되던 날 그는 아버지를 다시 고발했다. 여전히 강력한 사회적 지위를 가진 아버지와 싸우는 것은 무척 어렵고 고달픈 일이었다. 그러나 긴 재판 끝에 마석도의 아버지에게 접근 금지 명령이 내려졌다. 자유를 얻어낸 것이다.

법원을 나오던 아버지가 붉으락푸르락한 얼굴로 마석도에게 비아냥댔다.

"네가 내 돈 없이 고시원이라도 구할 수 있겠니?"

당시 마석도의 통장에는 1억 원이 있었다. 그는 미성년자 혹은 대학생이 아무리 아르바이트를 해봤자 수입이 뻔하다는 것을 이미 알고 있었다. 그래서 대학교에 합격하고 성인이 되자마자 미친 듯이 과외를 해서 500만 원을 모았다. 그리고 그 돈을 종잣돈 삼아 주식투자를 시작했다.

물론 시작은 쉽지 않았다. 스무 살 초보 개미에게 주식 시장은 엄혹했다. 주식 차트를 보는 법이나 재무제표를 읽는 법도 몰랐던 마석도는 투자에 성공하기 위해 전공으로 컴퓨터공학, 부전공으로 경영학을 선택했다. 1년 정도 JAVA, C언어, 회계를 공부한 그는 몇 달의 시행착오를 거친 뒤 주식 단타 프로그램을 개발해냈다.

대학교에서 컴퓨터공학을 배우는 4년간 마석도는 살면서 처음으로 행복이 무엇인지 알게 되었다. 특히 인간을 상대할 필요 없이 오로지 책과 프로그램, 컴퓨터만 마주하면 된다는 점이 좋았다. 마석도는 동아리 활동, 연애는커녕 술자리 한 번 참석하지 않고 수석으로 S대 컴퓨터공학과를 졸업했다.

대학교 재학 중 마석도는 그가 만든 퀀트 프로그램을 10억 원에 사겠다는 제안을 받았다. 제안을 수락하고 받은 10억 원으로 다시 주식과 비트코인, 알트코인에 투자했다. 새로운 투자 프로그램도 만들었다. 사람들은 그를 천재라 불렀다. 하지만 마석도는 그런 표현이 달갑지 않았다. 똑똑한 아버지에게 유전자를 물려받았다는 사실이 소름 끼쳤기 때문이다.

마석도는 어느 날 OTP 기기를 교체하기 위해 은행에 갔다가 갑자기 쓰러졌다. 그렇게 다시 정신과에 가게 되었다. 대인공포증, 공황장애, 사회불안장애 등을 진단받았다.

약물을 처방받고 상담도 받았지만 증세는 호전되지 않았다. 외출하려고만 하면, 아니 타인과 대화만 해도 어김없이 아버지의 무서운 얼굴이 떠오르고 비웃는 목소리가 귓가에 맴돌았다. 숨이 쉬어지지 않고 식은땀이 비 오듯 흘렀다. 마석도는 그렇게 은둔형 외톨이가 되었다.

하지만 그 어떤 것도 아버지와 살던 시절에 비하면 천국이었다. 다행히 인터넷만 있으면 집 안에서 모든 것을 할 수 있는 시대였다. 코로나19가 터진 뒤엔 살기가 더 수월해졌다. 마석도는 집에서 혼자 주식투자 프로그램으로 주식을 매매해 큰돈을 벌었고 그 돈으로 스타트업 회사도 세웠다. 갈수록 마석도는 큰 부자가 되었다.

쓰지도 못할 돈이 통장에 쌓이는 것을 보고 마석도는 문득 외로움을 느꼈다. 연애나 결혼을 하고 싶은 것은 아니었다. 공원을 걷고 싶었다. 친구와 카페를 가보고 싶었다. 하지만 택배기사 얼굴만 봐도 숨이 막히고 공황발작이 왔다. 집에서 쓰레기를 버리러 나가는 것만 해도 죽을 것 같아 대행 아르바이트를 불러 쓰레기봉투를 내놓았다. 당연히 정신과도 가지 못하게 되었다. 전부 다 기부하고 그냥 죽어버릴까, 하고 고민하던 어느 날 마석도는 카카오톡에서 오픈 채팅방 하나를 발견했다.

'구로동 주식 클럽: 선착순 다섯 명 한정 모임.'

마석도는 개미들은 왜 이렇게 어리석은지 항상 궁금해했다. 무지한 선택으로 돈을 다 태워버리고도 언제 그랬냐는 듯 불나방처럼 뛰어들어 똑같은 실수를 반복했다. 죽기 전에 한번 바보들 이야기를 들어보는 것도 재밌겠다는 생각에 마석도는 채팅방에 참여했다.

그리고 마석도는 지금 그 바보들 덕분에 아직 살아 있다. 외로움을 달래주던 유일한 친구들에게 이제는 그가 보답할 차례였다. 마음은 이미 K대 구로병원 응급실이었지만 아직도 현관문조차 열 수 없는 자신의 처지가 비참했다.

· · ·

다크어벤져의 해킹 프로그램은 수월하게 작동했다. 모든 작업이 완료되기 20분 전 마석도가 사는 아파트의 벨이 울렸다. 벨소리를 들은 마석도의 표정이 굳었다. 지금 그의 집에 올 사람은 아무도 없었다. 마석도는 자리에서 일어나 현관과 연결된 카메라 화면을 들여다보았다. 쿵쿵 문을 두드리는 소리와 함께 누군가 소리쳤다.

"경찰입니다. 주민 신고가 들어왔으니 문 여세요."

경찰이 왜 여기에 온 것인지 마석도는 이해할 수 없었다. 마석도는 아무런 대답도 하지 않았다. 몇 초 뒤, 다시 현관문 밖에서 다시 목소리가 들렸다.

"안에 계신 거 압니다. 지금 문 열지 않으면 강제로 개방하겠습니다."

마석도는 이상한 낌새를 바로 알아챘다. 경찰이 영장도 없이 강제로 집을 수색하겠다니? 도대체 무슨 죄목으로? 이들은 경찰이 아니다. 저 앞에 서 있는 사람이 실제로 경찰일지라도 누군가에게 매수되었을 것이다. 마석도는 이들이 다크어벤져의 공격 대상, 즉 파이블루네트워크와 연관되어 있다는 것을 직감했다.

마석도가 스마트폰을 손에 들었다. '112'를 누르던 그의 손이 멈칫했다. 현관문을 두드리는 사람들이 파이블루네트워크에게 매수된 경찰이라면 112 신고는 별 소용이 없을 것이다. 이럴 땐 차라리 119에 신고하는 게 나았다. 마석도는 일부러 문에 대고 스피커폰으로 119에 전화를 걸었다.

"거기 119죠? ××동 ○○ 아파트 801호입니다. 사람이 쓰러져서요. 응급 상황입니다. 도와주세요."

발길질이 잠잠해졌다. 이것으로 좀 위협이 되었으려나, 하고 마석도가 돌아서려던 찰나였다. 현관문 밖에서 다시 목소리가 들렸다.

"마지막으로 경고합니다. 문 여세요. 안 그러면 강제로 개방합니다."

"어느 경찰서에서 나온 누구시죠? 수색 영장은 발부된 것인가요?"

대답은 한동안 돌아오지 않았다. 마석도가 말을 이었다.

"119와 112에 모두 신고해둔 상태입니다. 그분들 도착하시고 인터폰 화면에 영장 제시하시면 문 열어드리겠습니다."

곧 밖에서 마석도가 아닌 누군가에게 명령하는 소리가 들렸다.

"야, 씨발 됐어. 잘라."

20초 후 마석도가 사는 아파트 전체가 정전이 되었다.

· · ·

- 마석도 님이 들어왔습니다. -

마석도	여러분.
러시앤머니	마석도 님 왜 그리 연락이 없으셨어요. 갑자기 방에서 다 나가시고!
혜진공주	뭔 일 생기신 줄 알고 걱정했습니다. 괜찮으세요?
마석도	집에 경찰이 찾아왔습니다. 어쩌면 경찰이 아닐지도… 아무튼.
러시앤머니	마석도 님 집에 경찰이 왔다고요?
마석도	제 컴퓨터와 프로그램이 역으로 해킹당해서 전부 멈춰버렸어요.

마석도의 아파트가 정전된 사이 다크어벤져의 방화벽은 뚫려버렸다. 파이블루네트워크 소속 해커들의 무차별 공격으로 마석도의 PC를 비롯한 그의 모든 프로그램이 작동 불능이 되었다. 여전히 마석도는 전기도 인터넷도 끊긴 상태로 건너편 아파트에 드론을 날려 보내 와이파이 테더링으로 카카오톡을 사용하는 중이었다.

하지만 다행히 마석도는 프로그램이 멈추기 전 몇 가지 정보를 알아냈다. 우선 피의자 세 명이 밝혀졌다. 한국에 남아 있는 핵심 인물인 A은행 부행장, M저축은행 대표이사, 국회의원 K

였다. 이들의 신원은 파악되었으나 또 다른 문제가 있었다. 현재 그들의 모든 자산이 해외 거주 중인 그들의 친인척 명의의 가상화폐 지갑으로 송금되었다는 것이다.

이들의 카드 승인 내역에서 마지막으로 결제된 것은 런던, 샌프란시스코, 파리행 비행기 티켓이었다. 출발 시각은 각각 그날 저녁 7시, 8시 30분, 9시 40분이었다. 아마 이들은 오늘 당장 출발할 수 있게 가장 빠른 해외 항공편을 구매했을 것이다. 이들을 잡을 시간이 세 시간도 채 남지 않았다. 아니, 이미 수가 틀렸을지도 몰랐다.

부자곰	지금까지 찾은 증거로 이 사람들 출국금지 명령 내리는 것 불가능할까요? 인천지방경찰청 수사팀에서는 세 사람이 중간책에게 돈을 이체받은 정황이나 가상화폐 송금 내역 또는 전자지갑을 같이 사용했다는 증거가 있으면 긴급출국금지 절차를 진행해보겠다고 합니다.
마석도	하필 그게 마지막 파일이었는데… 그때 정전이 되어버렸어요.
혜진공주	아… 방법이 없을까요? 이제 시간이….
러시앤머니	지금이라도 새로 다른 곳에서 프로그램을 실행하면요? 아

	니면 제 노트북이나 스마트폰이라도 갖다 드리면 안 될까 요?
마석도	해킹 프로그램을 돌리려면 일반 노트북이나 컴퓨터로는 어림도 없어요. 최고 성능 PC가 여러 대 있어야 합니다. 또 전용 게이트웨이가 있어야 하고요.
부자곰	세 시간 안에 그런 곳을 찾는다는 게 불가능하겠군요.
혜진공주	어, 이건 혹시 너무 무식한 질문인지 모르겠지만… PC방은 안 되나요?
러시앤머니	에이, 설마요? 아, 근데 옛날 남친 이야기론 PC방 인터넷이 제일 빠르다던데요. 게다가 PC방 컴퓨터는 다 최고 사양이 라고… 에이, 그래도 안 되겠죠?
마석도	어쩌면 제 암호해독 프로그램이랑 장비를 가져가서 연결 하면 아마… 가능할 수도 있을 겁니다.
러시앤머니	오 그럼 제가 당장 그 근처 제일 큰 PC방 찾아서 예약해둘 게요, 지금 바로! 마석도 님 집 주소 좀 알려주세요!

마석도는 채팅창에 집 주소를 쳤다. 하지만 그는 이 집을 나 갈 수 없었다. 박스터를 도울 방법이 생겼는데 도우러 갈 수가 없었다. 자신의 유일한 친구들, 자신을 구해준 사람들을 이렇게

실망시키고 있다는 자괴감에 빠졌다. 모두 박스터를 도우려고 최선을 다하고 있는데 자신은 고작 저 문을 열고 나가는 것조차 할 수 없었다.

'거 봐, 내가 말했잖아.'

'넌 내가 없으면 안 돼. 내 보호 아래서, 내 품 안에서 살아가야 해. 아무도 널 도울 수 없어. 왜냐고? 넌 항상 사람들을 실망시키니까. 친구를 사귈 자격이 없으니까.'

절망에 휩싸인 마석도의 귓가에 아버지의 목소리가 들렸다. 문 앞에 유령처럼 아버지가 서 있는 것이 보였다. 마석도가 '아니야. 착각이야. 내 무의식이 만들어낸 망상, 환시일 뿐이야' 하고 중얼거렸다. 그러자 비웃기라도 하듯 아버지의 목소리가 더 크게 속삭였다.

'나는 너를 낳았어. 넌 내 거야.'

"아니야! 나는 당신에게서 도망쳤어. 재판에서도 이겼어. 나는 자유라고!"

마석도가 무릎을 꿇은 채로 소리를 질렀다.

'이깟 종이 쪼가리 접근 금지 명령? 흐흐, 네가 자유라고? 아파트 1층도 못 가서 쓰레기도 남이 치워주는 네가? 5년 동안 친구 하나 못 사귄 네가?'

"아니야, 친구라면 있어. 구주 클럽 멤버들은 소중한 친구들이야…."

'얼굴 한 번 못 본 사람들? 그들도 너를 친구라 생각할까? 이렇게 어려울 때, 생명이 위험할 때도 외면하는 너를? 자기 집에 갇혀서 마지막 기회도 날려버리는 너 따위를?'

"아니야, 아니야…."

마석도는 울부짖었다. 아무 소리도 들을 수 없도록 귀를 뜯어버리고 싶었다.

'포기해. 넌 새장에 갇힌 새야. 너는 나 없이 살 수 없어. 세상이 무섭지? 안전한 아버지 품으로 돌아오고 싶은 거야.'

공황이 왔다. 숨이 막히고 의식이 흐려졌다. 아버지의 말에 반박하고 싸우고 싶었지만 마석도의 손에는 힘이 들어가지 않았다. 아버지의 말이 맞는 것일까? 나처럼 나약한 존재는 친구를 사귈 자격도 없는 것일까? 평생 아버지를 벗어날 수 없는 것일까? 결국 이게 결론이라면, 그토록 필사적으로 싸워서 도달한 곳이 고작 여기라면 차라리 그때 끝났으면 좋았을 것을.

쾅쾅쾅!

그때 갑자기 누군가 마석도의 집 현관문을 두드렸다.

점점 의식이 흐려지던 마석도가 아무런 반응도 하지 못하자

문밖의 누군가가 쾅쾅, 하고 다시 문을 세게 쳤다. 부드러운 목소리가 들려왔다.

"마석도 님, 우리예요. 구주 클럽 부자곰이요. 러시 님이랑 혜진공주 님도 왔어요."

준수의 목소리를 들은 마석도의 눈이 번쩍 뜨였다. 겨우 몸을 일으키려는데 다시금 그의 귓가에 아버지의 목소리가 속삭였다.

'너를 이용하려고 왔어. 네게 상처를 주려고 온 거야.'

"아니야…."

'너를 억지로 끌고 나가려는 거야. 쟤들은 너를 써먹은 다음 버릴 거야.'

"그만해! 제발… 이건 환청이야! 사실이 아니라고!"

'나는 너야. 네 마음의 소리야. 얼굴도 모르는 저들을 믿지 마. 너를 낳아준 아버지 말을 들어야지.'

준수, 영준, 은비는 현관문 밖에서 마석도의 희미한 목소리를 들었다. 마석도에게 무언가 심각한 일이 벌어지고 있는 것 같았다. 준수가 문을 쿵쿵 두드리며 큰 소리로 외쳤다.

"마석도 님, 들려요? 저희가 온 이유는요…"

한참 뒤 마석도가 힘겹게 대답했다.

"…돌아가주세요. 저는 나갈 수 없어요. 미안하지만 저는 도저히… 나갈 수가 없어요….”

준수가 은비와 영준을 돌아보았다. 은비와 영준은 심각한 얼굴로 고개를 끄덕였다. 계속해보라는 뜻이었다. 준수가 침을 꿀꺽 삼키고 말했다.

"아니에요, 아니에요. 저희는 나와달라고 부탁하려고 온 게 아니에요.”

"거짓말… 그럼 왜 왔어요, 이렇게 급할 때… 결국 제가 필요해서, 저를 이용하려고 온 거잖아요.”

셋은 마석도의 말이 진심이 아닌 것을 알고 있었다. 은비가 다급하게 말했다.

"구… 구주 클럽 규칙 제5항!”

영준이 열심히 고개를 끄덕이며 은비를 거들었다.

"멤버가 정말 심각한 위기에 빠졌을 때 모두가 나서서 도와야 하니까요!”

준수가 부드러운 목소리로 말했다.

"같이 있어 주려고 왔어요. 나오지 않아도 돼요. 마석도 님을 혼자 두고 싶지 않아서 왔어요.”

뒤쪽에 서 있던 은비가 현관문 가까이 다가왔다.

"김수형이니 파이블루니 이제 다 상관없어요, 마석도 님. 우리가 여기 있을게요. 문 안 열어주셔도 돼요. 함께하고 싶어서 왔어요."

조건 없이, 아무것도 하지 않아도, 그저 내가 나인 것만으로 사랑받을 수 있을까? 그런 관계가 존재할 수 있을까? 마석도는 셋의 말이 믿어지지 않았다. 부모조차 나를 버렸는데 누가 그런 사랑을 줄 수 있을까? 마석도가 힘겹게 답했다.

"…박스터에게 돌아가요. 전 여러분의 친구가 아니에요. 멤버도 아니에요. 또 실망하고 실망시키고 싶지 않아. 이런 상황에서도 난 아무것도 할 수 없어요…."

준수가 안쓰러운 표정으로 답했다.

"아무것도 할 필요 없어요. 그냥 여기서 같이 지운 씨가 깨어나길 기도합시다. 그거면 충분해요."

영준이 급하게 뛰어오느라 엉망이 된 앞머리를 쓸어올리며 말했다.

"우리가 놓쳤어요. 지금 박스터만큼이나 도움이 절실한 사람은 마석도 님이었다는 걸요."

마석도는 현관문 손잡이에 손을 올렸다. 그때 다시 아버지의 목소리가 들렸다.

'거짓말이야. 속지 마. 너를 이용하고 상처를 줄 거야. 집 밖은 위험해. 세상은 위험해.'

마석도의 눈과 귀는 다시 흐려졌다. 아버지의 목소리가 머릿속을 휘감았다. 아무리 막아보려 해도 독처럼 퍼져나가 온몸의 혈관과 뇌세포를 잠식했다. 마석도는 현관문 손잡이를 잡고 귀신에 홀린 듯 제자리에 우뚝 서 있었다. 그때 준수의 목소리가 다시 들려왔다.

"아무것도 할 필요 없어요. 그냥 우리 말에만 집중하세요. 여기엔 마석도 님과 우리뿐이에요."

"마석도 님, 이거 들리세요? 마석도 님이 좋아하신다는 음악이요! 레이크 루이스 들려요?"

은비가 급히 음악 앱을 켜서 레이크 루이스의 노래를 크게 틀었다.

"'나는 단수가 아니다.' 마석도 님이 좋아하는 판타지 소설에 나왔던 말이잖아요. 얼굴을 모른다고 지금 함께하지 못한다고 영원히 혼자가 되는 것은 아니에요."

레이크 루이스의 노래를 들으며 마석도는 마지막으로 말한 사람이 혜진공주라는 사실을 깨달았다. 언젠가 마석도는 그에게 판타지 소설을 추천해준 적이 있었다. 판타지 소설은 유치해서 못 읽겠다더니 문장을 외울 정도로 푹 빠진 게 분명했다. 아저씨 아니라더니 목소리만 들어도 아저씨네, 하고 마석도는 생각했다.

마석도는 단단하게 얼어 있던 마음의 가장자리가 조금씩 말랑해지는 것을 느꼈다. 언젠가 툭 내뱉었던 사소한 취향과 취미를 기억해주는 친구들이 바로 문 너머에 있다. 나는 행복해질 수 있을까? 누군가에게 마음을 열고 사랑받을 수 있을까? 기대하지 않았다면 거짓말이었다. 혹시나 하는 마음에 희망을 걸어본 적도 있었다. 그때마다 결국 두려워서 도망쳤다. 마석도는 그동안 꾹꾹 축적해온 외로움의 댐이 툭, 하고 무너지는 것을 느꼈다. 마석도는 고개를 돌려 현관에 붙은 거울을 바라보았다. 자기도 모르는 새 눈물이 쉴 새 없이 흐르고 있었다.

'너는 행복해질 자격이 없어. 평생 이 집에서 나를 배신한 대가를 치러야 해.'

거울 속의 얼굴은 어느새 아버지가 되어 있었다. 아버지가 무서운 얼굴로 소리를 질렀다. 그때 아버지라고 생각했던 그것이 조금씩 열여섯 살의 마석도로 변했다.

'너 혼자 행복해지려고? 나는? 과거의 너는? 나를 혼자 둘 거야? 또 나를 버릴 거야?'

과거의 마석도는 거울 안에서 울고 있었다.

"이제 나를 놓아줘, 제발….."

마석도는 맨손으로 거울을 깨버렸다. 날카로운 파편이 현관 바닥으로 우수수 떨어졌다. 마석도의 손에서 새빨간 피가 떨어졌다. 현관문 밖에서 준수가 이야기했다.

"마석도 님, 잘 들으세요. 우리는 상처받은 누군가가 아니라 그저 오늘 행복해지고 싶은 사람일 뿐이에요. 과거가 아니라 오늘을 사는 사람들, 잘될지 모르지만 최선을 다하고 싶은 그런 보통 사람들요."

모두가 각자의 불안과 트라우마를 안고 살아간다. 자신의 과거를 완전히 극복한 사람은 이 세상에 아마 없을지도 모른다. 준수는 이 사실을 마석도뿐만 아니라 모든 구주 클럽 멤버들에게 꼭 알려주고 싶었다. 어느새 펑펑 울고 있던 은비가 눈물을 닦으며 말했다.

"저 러시앤머니예요. 채팅방에서는 남자친구랑 완전히 끝났다고 했지만 사실 아직도 남자친구 완전히 못 잊었어요. 부끄럽지만… 가끔 걱정되고 그리워요. 그래도 참고 있어요. 이겨내려고요."

"혜진공주입니다. 저는 빚만 남기고 사라진 아버지를 오래 원망해왔어요. 나에게만 의지하는 가족들이 너무 싫고 부담스러웠던 적도 있고요."

우리는 매일 상처를 주고받는다. 그래도 꿋꿋이 살아간다. 분명히 잘될 것이라고 믿어서가 아니라 그게 지금의 내가 할 수 있는 최선이기에. 그저 한 걸음 한 걸음을 힘겹게 내디딘다. 마지막으로 준수의 목소리가 들렸다.

"마석도 님, 제 이름은 박준수입니다. 부자곰이요."

이름을 알려준다는 것은 이 관계가 오래 이어질 것이라는 뜻이다. 서로에게 특별한 의미를 부여하는 것이다. 준수는 마석도에게 혼자인 그는 외롭고 나약할지 몰라도 구주 클럽의 마석도는 그렇지 않다는 것, 이 관계를 통해 세상과 마주할 수 있다는 믿음을 심어주고 싶었다. 준수는 은비와 영준을 보고 고개를 끄덕였다.

"저는 최은비예요."

"이영준입니다. 혜진이 아빠예요."

박준수, 최은비, 이영준… 마석도는 생소한 이름을 작게 되뇌었다. 오랫동안 부르던 이름들 같았다. 내 곁에 항상 이들이 있다는 사실을 왜 잊었을까. 얼음장처럼 차가웠던 손바닥에 은은하게 따듯한 기운이 감돌았다.

마석도는 눈물을 닦고 바닥에 흩어진 거울 파편을 내려다보았다. 그 안에는 아버지도 열여섯 살의 자신도 아닌 지금 현재의 내가 있었다. 어쩌면 가장 나를 무시하고 과소평가한 사람은 아버지가 아니라 나 자신이었던 것이 아닐까. 나인 것만으로 이미 온전하고 괜찮았다. 또다시 실패하고 상처받고 좌절할지라도 그것을 이겨낼 힘은 이미 내 안에 있었다.

옅은 미소를 지으며 마석도는 문고리를 잡았다. 그리고 팔에 힘을 주었다. 나의 인생을 짓누르던 거인같이 무거운 그 문을 마침내 연다.

"제 이름은… 태윤이에요, 김태윤."

· · ·

준수, 은비, 영준, 태윤은 급히 은비가 미리 알아봐둔 태윤의 집 근처 PC방으로 향했다. A은행 부행장의 출국 시간인 저녁 7시가 얼마 남지 않았다.

"마석도 님이 나보다 어릴 줄은 몰랐네. 이제 편하게 언니라고 불러!"

은비가 PC방 의자에 앉으며 말했다. 태윤은 어이없다는 듯 썩은 미소를 지었다.

"마석도 님은 당연히 저희랑 동년배일 줄 알았는데 20대 여성분이셨다니 조금 놀랍긴 하네요."

영준이 살짝 미소를 지으며 말했다. 뛰어오느라 땀범벅이 된 준수는 조용히 옷소매로 이마를 닦았다.

셋은 PC방에서 태윤의 집에서 가져온 장비를 열심히 세팅했다. 일분일초가 아쉬운 상황이었다. 해킹 프로그램을 돌리려면 세 시간 이십 분이 필요하다고 했으니 지금 바로 시작해도 시간이 모자랐다. 태윤이 프로그램을 실행하는 것을 지켜보던 은비가 조심스럽게 말을 꺼냈다.

"지금 시작해도 밤 9시나 되어야 끝날 텐데… 괜찮을까요?"

"그러게요, 벌써 6시네요. A은행 부행장은 7시에 출국한다고 했으니 이미 공항이겠어요."

준수가 고개를 끄덕이며 미간을 찌푸렸다.

"8시 30분에 출국하는 M저축은행 대표이사를 막는 것도 현실적으로 불가능하겠군요."

영준이 한숨을 쉬며 말했다. 모두가 무거운 표정을 짓고 있던 그때 태윤이 조용히 말했다.

"…그래도 아직 국회의원 K는 잡을 수 있잖아요."

태윤은 아주 작은 가능성이라도 있다면 무엇이든 할 각오가 되어 있었다. 태윤의 작지만 단단한 목소리를 듣고 준수, 은비, 영준은 자세를 고쳐 앉았다.

"그래요. 끝까지 포기하지 말아요, 우리!"

"어서 자료 찾아서 경찰에 넘기고 박스터에게 갑시다!"

은비와 영준의 말을 들은 태윤은 뭐라 대꾸하지 않고 진지한 얼굴로 모니터에 두 눈을 돌렸다. 거울을 깨다 다친 오른손이 욱신거렸지만 아무런 아픔이 느껴지지 않았다. 몇 년 만인지 귓가에 콩닥콩닥 심장 소리가 들렸다. 그런 태윤을 보고 준수는 안도의 표정을 지었다. 그래, 우리에겐 아직 가능성이 있다. 긴 하루가 그렇게 저물어가고 있었다.

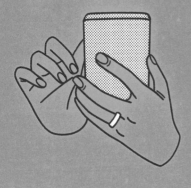

< Group

8장

회복

지운은 어딘지 모르는 절벽 끝에 서 있었다. 안개가 자욱해 한 치 앞도 보이지 않았다.

다시 눈을 감았다 떠보니 지운은 절벽 중간에서 한 손으로 나뭇가지를 붙잡고 매달려 있었다. 떨어지기 일보 직전이었다. 게다가 지운이 잡고 있는 나뭇가지는 조금씩 부러지고 있었다.

나뭇가지를 잡은 지운의 팔에 조금씩 힘이 풀리기 시작했다. 지운은 고개를 숙여 발밑을 보았다. 바닥이 어찌나 깊은지 새까만 어둠밖에 보이지 않았다. 하지만 지운은 이 상황이 두렵지 않았다. 떨어질까 봐 무서운 마음보다 차라리 떨어져서 쉬고 싶다는 마음이 더 컸다. 편해지고 싶었다. 기를 쓰고 절벽을 기어 올라가 살아남아봤자 그다음이 또 너무 힘들고 고통스러울 것이 분명했다.

지운은 이 나뭇가지가 부러지면, 그래서 자신이 떨어져버리면 분명 누군가 슬퍼할 것이라는 사실을 알고 있었다. 그렇게 남겨진 사람들이 자신 때문에 불행할 거란 점도 잘 알았다. 하지만 그런 게 중요하지 않을 정도로 지운은 지쳐 있었다. 자신이 손을 먼저 놓지는 않겠지만 언젠가 부러질 앙상한 나뭇가지의 운명을 그냥 받아들이고 싶었다.

— 일어나.

지운의 귓가에 갑자기 작은 목소리가 들렸다. 지운은 사람이 잠을 잘 때나 가사 상태일 때 혹은 기절했을 때도 청각을 담당하는 측두엽은 깨어 있다는 이야기가 떠올랐다. 잠들었을 때 귀에 대고 좋은 말을 계속해주면 나도 모르는 사이에 무의식이 치료된다고 했다. 지운은 누가 자신에게 이런 것을 알려줬는지 돌이켜보았다. 유튜브에서 봤나? 아니었다. 부자곰이었다. 부자곰의 이야기를 듣기 전 지운은 부자곰이 뭘 하는 사람이길래 이런 것을 아는지 신기해했다.

— 일어나요, 제발.

또 다른 목소리가 들렸다. 누가 한 말인지는 모르지만 지운은 일어나고 싶지 않았다. 살벌한 세상으로 돌아가기 싫었다. 겨우 힘을 내 절벽 위를 기어올라가 살아남아봤자 현실은 지옥이었다.

— 지운아, 일어나. 지운아, 엄마야. 제발 일어나.

지운은 어머니의 울먹이는 목소리를 들었다. 지운은 어서 좋은 집을 사서 가족과 함께 행복해지고 싶었다. 비가 올 때마다 물이 새는 빌라가 아닌 번듯한 신축 아파트에서 남들처럼, 아니 남들보다 더 잘살고 싶었다. 지운은 언제나 최선을 다했다. 하지만 늘 원하는 결과를 얻을 수 없었다. 이번에도 마찬가지였다.

'엄마 미안해, 혼자 둬서. 나 땜에 울게 만들어서 미안해.'

지운은 속으로 중얼거렸다. 지운은 자살을 시도한 사람들 중 실제로 죽고 싶어 하는 사람은 사실 별로 없다는 이야기를 떠올렸다. 다르게 살고 싶은 것일 뿐이라고, 새로운 삶의 기회가 주어진다면 잘해보고 싶지만 지금 현실이 너무 힘들고 버거워 극단적인 선택을 하는 것이라는 이야기. 지운도 다시 태어나고 싶었다. 가능하면 금수저로 부잣집 아들로 태어나 난이도가 훨씬 쉬운 인생을 살아보고 싶었다.

지운은 이런 이야기를 누가 해줬는지 곰곰이 생각해보았다. 부자곰인가? 아니었다. 자신이 다니는 주식 중독 클리닉의 정신과 의사가 해준 이야기였다. 지운은 클리닉에서 언젠가 준수와 나누었던 대화를 떠올려보았다.

"평균적으로 자살은 보통 네 번째 시도에 성공해요. 그 말은 세 번의 기회가 있다는 거죠. 그 사람의 SOS를 주변에서 알아채고 도와줄 기회요."

"만약 그 기회를 원치 않으면요? 그냥 빨리 끝내고 편해지고 싶으면요?"

"그렇지 않을 거예요. 사람은 자기 마음을 이해해줄 단 한 사람만 있어도 죽고 싶지 않아져요. 내가 이렇게 힘들고 죽고 싶을 만큼 괴롭다는 말을 들어줄 사람 딱 한 명만 있으면 죽지 않아요."

"선생님이 그걸 어떻게 알아요? 어떻게 확신하세요?"

"제가 그랬거든요. 저도 제 말을 들어준 사람들 때문에 살아 있는 거예요."

"그럼요, 만약에… 진짜 아예 주변에 아무도 없는 사람은요? 친구고 가족이고 하나도 없으면 어떡해요?"

왠지 모를 오기가 생긴 지운의 질문을 듣고 준수는 한참 동안 답을 하지 않았다. 그래, 말문이 막히겠지. 아니, 뭐라고 답을 하긴 했던가? 지운은 잘 기억이 나지 않았다. 정신이 몽롱했다. 모든 게 뒤죽박죽이었다. 이제 그만 쉬고 싶었다. 그때 누군가 또 말을 걸어왔다.

― 일어나요.

그때 지운은 준수의 대답이 어렴풋이 기억났다.

"자기 자신이 있잖아요. 나의 첫 번째 친구, 바로 나."

"저는 제가 미워요. 가난하고 멍청한 내가 싫어요. 열심히 살아봤자 고통과 대출뿐이야. 이제 그만하고 싶어요."

"지운 씨 자신을 용서해줘요, 이제."

나는 용서받을 수 있을까? 세상에 나가 다시 행복해질 수 있을까? 지운은 의문이 들었다. 어머니는 이렇게 못난 아들을 용서해줄까?

"용서할 사람은 엄마도 아니고 세상도 아니에요. 민지운이 민지운을 용서해야 해요. 미래의 내가 과거의 나를."

지운은 기억의 경계가 흐릿해짐을 느꼈다. 지금 들리는 목소리는 누구의 것일까. 누가 했던 말일까. 처음에는 정신과 의사와 나눈 대화라고 생각했지만 어느샌가 사실이 아니라는 생각이 들었다. 모든 게 헷갈렸다. 그런데 신기하게도 지운과 대화를 나누는 목소리의 주인이 친숙하게 느껴졌다. 자신이 알고 있는, 본능이 기억하는 목소리였다.

지운은 목소리의 주인이 누군지 떠올리려고 애썼다. 그러다 문득 깨달았다. 누군가가 아니라 어릴 적의 나 혹은 마흔 살이

된 자기 자신이었다. 지운은 또 다른 지운에게 절박하게 물었다.

"정말 그래도 돼? 이렇게 엉망인데… 아무것도 잘해낼 자신이 없는데 진짜 살아도 돼?"

어머니를 닮기도 하고 자신을 닮기도 한 그 목소리가 이번에는 대답해주지 않았다. 대신 천천히 다가와 나뭇가지를 잡은 지운의 거친 손을 잡아주었다. 지운은 절벽 위를 올려다보았다. 자신을 위로 끌어주는 형체가 보이지 않았지만 그와 맞잡은 손이 따듯했다. 지운은 난생처음 한없는 너그러움을 느꼈다. 지운은 알 수 있었다. 그가 이미 자신을 용서했다는 것을.

지운은 다른 팔에 힘을 주고 절벽 위로 풀쩍 올라왔다.

"교수님! 민지운 환자 멘틸 돌아왔습니다. 눈을 떴어요!"

· · ·

9주 차: 변화의 필요성을 느끼고 변화할 준비가 되었는가?

· 자신의 실수를 수용하고 인사이트가 생겼는가?

· 불안감을 다스리고 그에 직면한다.

· 열등감, 초조감, 완벽주의에서 벗어난다.

· 투자의 목적, 이유를 재정립한다.

· 자존감, 자기 확신감을 재평가한다.

"잘 지내셨습니까, 이영준 씨."

준수가 영준의 차트를 바라보며 꾸벅 인사를 했다. 영준이 머쓱하게 웃었다.

"아 네, 선생님. 그런데 참 이제 호칭을 어떻게 하면 좋을지… 선생님 정체를 알아버려서요. 반갑기도 하고 좀 어색하기도 하고요."

준수가 고개를 들어 영준과 눈을 맞추고 웃었다.

"부자곰도 좋고 선생님도 좋고, 전 다 괜찮습니다. 요새는 어떻게 지내세요?"

"네, 잘 지내고 있습니다. 개인 시간을 보내면서 본업에도 집중하고 있습니다. 선생님께서 지난번에 말씀하셨잖아요, 최고의 우량주는 나 자신이라고…. 처음에는 그 말을 믿지 않았거든요. 그런데 다른 사람이 찍어주는 종목이나 지라시에는 그렇게 쉽게 혹하면서 그동안 왜 저 자신은 믿지 못했던 건지 의문이 들었어요."

준수는 조용히 그의 말을 들었다. 영준을 바라보는 준수의 눈빛에는 그가 얼마나 변화했을지, 자신을 객관적으로 바라볼 수 있게 되었는지에 대한 기대가 가득했다. 영준이 말을 이었다.

"말씀하신 대로 인지가 왜곡되어 있었던 거 같아요. 나 자신을 무시하고 주어진 일만 해서는 부자가 될 수 없을 거라고 생각했어요."

"지금은 어떠신가요?"

"아직은 반반이에요. 할 수 있다는 생각이 들 때도 있고 여전히 준비가 안 되었구나 싶을 때도 있어요. 조금은 자기 객관화가 되었다고나 할까…. 그런데 이전과 확실히 달라진 게 하나있어요. 이제 초조하지 않아요. 무언가를 빨리 이뤄야 한다, 어머니와 아내를 내가 책임져야만 한다는 불안한 생각이 들지 않아요. 아, 물론 가장으로서 책임은 계속 져야 할 테지만…"

"가족들을 조금 더 믿게 되었다는 말씀이시죠?"

준수의 명쾌한 정리에 영준이 눈을 크게 뜨고 고개를 끄덕였다.

"네, 맞아요! 저는 제가 가족들보다 훨씬 똑똑하니까 혼자 모든 일을 결정하고 책임지고 해결해야만 한다고 생각했어요. 그런데 알고 보니 아내도 딸 혜진이도 자기 일을 알아서 다 잘 할수 있더라고요. 그리고 실패하더라도 좌절하지 않고 다시 일어서는 게 더 중요하다는 걸, 아니 누구나 실패할 수 있고 실패를통해 배워나간다는 것, 그게 그러니까… 저 혼자 애쓰고 무리한다고 해서 한 방에 모든 목표를 이룰 수는 없다는 걸, 아니 애초에 그럴 필요가 없다는 점을 깨달았어요. 나에게 주어진 만큼, 허락된 만큼 한 걸음씩 이뤄나가면 된다는 걸요."

마흔넷 증권맨 이영준 차장이 그토록 부자가 되고 싶었던 이유는 무엇일까? 영준은 대학 동기들보다 금수저 친구들보다 잘나가고 싶었다. 아내에게 소나타가 아닌 벤츠를 타게 해주고 싶었고 사모님 소리를 듣게 만들어주고 싶었다. 무책임했던 아버지 때문에 평생 상처받고 돈에 쪼들리던 어머니에게 신축 아파트를 사드리고 싶었다. 혜진이에게 좋은 연기학원을 보내주고 명품 옷을 입혀서 오디션장에서 기죽지 않게 해주고 싶었다.

영준의 이런저런 이야기를 듣던 준수가 고개를 끄덕이며 말했다.

"맞아요. 혼자가 아니라 따님도 어머님과 아내분도 조금씩 같이 성장하는 거죠. 가족의 힘으로요."

되면 좋고 안 되면 그만인 것을, 지금이 아니면 3년, 3년으로 부족하면 10년 동안 이루면 될 것을 왜 그렇게 서둘렀을까. 영준은 늘 종종거리던 과거의 자신이 다른 사람처럼 느껴졌다. 준수가 말을 이었다.

"영준 씨는 어쩌면…"

지금 이 이름을 꺼내도 될까, 자신의 트라우마에 직면할 준비가 되었을까 준수는 잠시 고민했다. 준수가 조심스럽게 질문을 계속했다.

"아직도 아버지를 기다리고 계신 건 아닐까요?"

영준의 아버지는 가족을 버렸다. 준수는 영준의 내면에 살고 있는 어린아이가 사채업자가 들이닥쳐 압류 딱지를 붙인 그날로부터 여전히 한 뼘도 자라지 못하고 울고 있는 것은 아닐지 걱정했다. 아버지를 대신해 가족을 지켜야 한다는 엄격한 초자아가 만들어낸 강박과 불안이 오랫동안 그를 채찍질하고 있었다. 영준이 가만히 고개를 저었다.

"…아니에요. 만약 그랬다면 3년 전에 갑자기 아버지가 연락했을 때 만났겠지요. 그때 보고 싶은 마음이 들지 않았어요. 지금도 마찬가지고요."

"영준 씨가 돌아오길 기다렸던 아버지는 그런 아버지가 아니었으니까요."

준수의 날카로운 질문에 영준의 손이 멈칫했다.

영준은 아버지를 오랜 시간 미워했지만 사실 한편으로는 아버지를 용서하고 싶었다. '피치 못할 사정이 있었겠지. 가족을 버릴 만한 이유가 있었겠지'라고 이해하고 싶었다. 원망을 계속하느라 지쳐버린 만큼 아버지를 용서할 만한 이유가 필요했다.

25년 만에 자식을 찾아오려면 최소한의 변명거리는 준비해왔길 바랐다. 영준이 고개를 푹 숙였다.

"차라리… 차라리 암이라도 걸렸거나 몸이라도 다쳤으면 진짜 조금은 이해할 텐데. 아니면 보란 듯이 성공했거나 아예 범죄를 저질러 감옥에 있었다면 이해해보려고 했는데…."

25년 만에 영준의 앞에 나타난 아버지에게는 그 어떤 극적인 사연도 없었다. 너무나 평범하고 게으르고 뻔뻔한 70대 노인만이 있을 뿐이었다. 수십 년 만에 나타나 그 어떤 사과도 없이 당당히 주식으로 생긴 빚 3000만 원을 갚아달라고 요구하는 사람이 그의 아버지였다. 아버지를 본 순간 영준의 머릿속에는 '당신은 내 아버지가 아니야'라는 생각이 강하게 들었다.

표정이 어두워진 영준을 보고 준수가 단호하게 말했다.

"아버지가 남긴 짐까지 짊어지려고 하지 마세요. 어머니의 삶까지 책임지려고 하지 마세요. 영준 씨 본인과 아내, 딸. 여기까지가 영준 씨의 몫입니다."

준수는 영준에게 상처받고 불안해하던 과거를 치료하지 않고 그대로 두어도 괜찮다고 말했다. 과거는 과거 그대로 아버지를 용서하려 애쓰지 말고 그냥 미워해도 괜찮다고 했다. 영준은 아버지가 왜 그랬는지 알아야만 딸에게 좋은 아버지가 될 수 있다고 믿었다. 아내와 자식을 버린 아버지의 모습이 자신에게서 발현되지 않도록 말이다. 절대로 아버지를 닮아서는 안 된다는 강박과 불안이 항상 그를 뒤덮고 있었다. 주식과 도박으로 재산을 탕진하던 아버지를 그토록 미워하고 부정하면서도 그를 이해하려고 애썼다.

"선생님, 저는 이제 어떻게 해야 할까요? 언제 또 집에서 회사에서 실수를 할지 불안하고 두려워요."

"시행착오를 반복하면서 영준 씨의 내면은 더 단단하고 성숙해질 겁니다. 물론 직업인으로서도 마찬가지겠지요."

준수의 말을 들은 영준은 한참을 울었다. 드디어 묵은 감정을 솔직하게 드러내고 표현할 준비가 된 것이다. 그제야 비로소 영준은 자신을 이해하고 열등감과 불안에 휘둘리지 않기 위해 무엇을 주의해야 하는지를 어렴풋이 깨달았다.

영준은 욕망이라는 거울 앞에 비춘 자신의 민낯을 마주할 준비를 마쳤다. 남들에게 과시하기 위함이나 열등감을 해소하기 위해서가 아닌 가족의 행복을 위해 조약돌을 하나하나 쌓아보기로 결심했다. 준수가 영준에게 말했다.

"이제 치료를 위한 마지막 단계를 시작할 겁니다. 영준 씨는 준비가 되었어요."

10주 차: 단계적 노출

- 주식 관련 뉴스를 다 끊고 HTS를 삭제한다.
- 한 달 뒤 주식 관련 뉴스를 다시 읽어본다.
- HTS를 다시 깔아본다(실제 거래는 하지 않는다).
- 모의 투자, 상상 거래만을 몇 차례 시행한다.
- 실제 거래를 다시 시작한다. 이때 딱 한 주만 산다.

따듯한 햇살이 내리쬐는 오후, 반차를 쓴 은비가 사무실에서 나갈 채비를 마쳤다. 그런 은비를 보고 옆자리의 과장이 놀리듯 말을 걸었다.

"은비 씨, 오늘도 병문안 가는 거야? 남자친구?"

"과장님! 남자친구 아니고요, 아는 동생이요!"

"오, 연하란 말이지? 원래 다 그렇게 아는 누나 동생에서 시작하는 거야. 응원할게!"

은비가 어이없다는 듯 눈을 흘기며 바쁜 걸음을 재촉했다.

그날은 지운이 응급실에서 깨어난 지 2주째 되는 날이었다. 은비는 매주 수요일 지운의 병문안을 갔다. 자살 시도 직후 2주간은 재시도의 가능성이 아주 크다는 설명을 준수에게 들었기 때문이었다. 준수는 구주 클럽 멤버들에게 최소 한 달 정도는 우울한 감정이나 충동이 올라오지 않도록 옆에 붙어 지운을 지켜봐야 한다고 했다. 그래서 월, 화, 수, 목요일에는 멤버들이 번갈아서 병문안을 가기로 했다. 금요일에는 구주 클럽 멤버 모두가 모였다.

다들 생업이 있는 사람들인 만큼 귀찮을 수도 있었지만 누구 하나 그렇게 생각하지 않았다. 당연한 일이라는 듯 간병을 했다. 알고 지낸 시간이 1년도 되지 않았고 실제로 만난 지는 2주밖에 되지 않았지만 구주 클럽 멤버들은 서로를 가족처럼 생각했다. 아마도 서로의 상처를 공유한 사이이기 때문일 것이다.

은비는 특히나 지운에게 애틋한 마음이 들었다. 두 달 전 은비도 지운처럼 죽음을 생각한 적이 있었다.

어느 날 은비의 남자친구 재혁은 은비가 일하는 은행으로 찾아왔다. 그리고 술 냄새를 잔뜩 풍기며 대출 창구에서 고래고래 소리를 질렀다.

"내가 최은비 남친이라고! 대출 당장 해줘요, 씨발. 내 여자친구가 여기서 일한다니까? 당장 최은비 불러!"

재혁은 결국 경비원의 손에 끌려 나갔다. 며칠을 안 씻었는지 재혁에게서는 지저분한 냄새가 났다. 옷차림도 꾀죄죄했다.

누가 저 사람에게서 예전의 빛나던 모습을 떠올릴 수 있을까. 은비는 6년간 일한 직장의 모든 사람에게 자신이 얼마나 한심하고 비참한 연애를 하고 있는지 들켰다는 사실에 절망했다. 어찌나 수치스러운지 얼굴을 들 수가 없어 은비는 급하게 조퇴를 해버렸다.

곧장 집으로 돌아와 강소주를 연거푸 들이킨 은비는 재혁에게 마지막 선물을 주고 죽어버리자고 결심했다. 널린 게 돈인 은행에서 2억 원 정도는 횡령해도 티도 안 날 것이다. 마침 휴가기간이라 감사팀도 없고 대출 심사 서류 몇 장만 조작하면 일주일은 아무도 모를 것이다. 그 사이에 두 배가 되면 모두가 다행이고 실패하면 그냥 죽어버리자.

'이게 선배와 나의 비참했던 20대를 위한 마지막 선물이야. 이거 받고 다시는 연락하지 마.'

은비는 침대에 엎드려 하염없이 눈물을 쏟았다. 그때 은비의 스마트폰에 메시지 알림음이 울렸다.

박스터	러시 누나, 오늘 기분이 우울해 보이는데 제가 재밌는 이야기해드릴까요?
혜진공주	박스터 님 아재 개그만 하시던데… 그냥 하지 마요.

박스터	이건 완전 핫한 거예요. 왕이 넘어지면 뭘까요? 두 글자!
부자곰	…설마.
박스터	킹콩! 왕이 킹이고 넘어졌으니 콩, 해서 킹콩!
부자곰	그냥 설명하지 마요. 더 안쓰러워.
박스터	두 번째 갑니다. 왕이 주차를 하면? 두 글자!
마석도	제발.
박스터	파킹! 파-킹! ㅋㅋㅋ
혜진공주	두 번째는 좀 웃겼는데요?
부자곰	진심인가요…?
박스터	에이, 다들 웃었잖아요. 파킹!
마석도	퍼킹이다.
박스터	힝… 마상. 말넘심.

은비는 자기도 모르게 피식 웃어버렸다. 가족도 나 자신도
몰랐던 내 기분을 구주 클럽 멤버들은 먼저 알아채주었다. 죽고
싶을 만큼 비참했던 날에 이런 말 같지도 않은 농담으로 기어이
자신을 웃어버리게 만든 사람들. 적당한 거리감이 오히려 방어
기제를 해제한 것일까? 은비는 재혁과의 역사를 장장 다섯 시
간에 걸쳐 멤버들에게 털어놓았다. 밤 9시에 시작해 10시에 끝

나곤 하는 모임이 이례적으로 새벽 2시까지 이어졌다. 그때 박스터가 보이스톡을 걸어왔다.

"누나, 그런 짓 하지 마. 그 사람 없이도 충분히 행복해질 수 있어."

박스터의 앳된 목소리가 남동생처럼 친근하게 느껴졌다. 우느라 눈이 퉁퉁 부은 은비가 말했다.

"난 돈도 없고 이제 직장에서 평판도 개판이 됐어. 이제 남은 건 내리막길뿐이야."

"우리가 있잖아, 구주 클럽 멤버들."

"그게 뭐라고? 솔직히 지금처럼 죽고 싶을 때 얼굴도 모르는 사람들이 무슨 도움이 되는데?"

은비는 마음에도 없는 말을 날카롭게 쏘아붙였다. 말을 내뱉자마자 미안함이 몰려왔다. 지운이 조금 침묵했다 말을 이었다.

"누나는 혼자가 아니야. 비슷한 상처를 가진 사람들이 있으니까. 정말로 죽고 싶은, 외롭고 무서운 밤에는 이야기해. 함께 할게. 아마 다른 멤버들도 같은 마음일 거야."

"네가 어떻게 알아? 만난 적도 없으면서."

지운이 '음⋯' 하고 잠시 말을 골랐다.

"그냥 알 것 같아. 뭐랄까, 누나가 어떤 말을 할 때는 신기하게 누나에게서 내 모습이 보여. 주변 사람들 때문에 힘들어하고 화도 못 내고…. 물론 우린 다른 사람이고 각자 다른 상황에 처해 있지만 어떨 땐 거울 앞에 서 있는 것 같아. 아마 구주 클럽 멤버들은 서로가 각자의 약점… 아니, 그 부족한 거… 그걸 뭐라고 하더라?"

"…결핍?"

"그래, 그거! 결핍을 공유하는 동료 같은 것 아닐까? 그러니까 우릴 한 번 믿어봐, 누나."

그날 이후 은비는 다시는 재혁의 전화를 받지 않았다. 재혁이 집으로 찾아와 문을 두드려도 회사로 찾아와 깽판을 쳐도 더이상 두렵거나 흔들리지 않았다. 세상에 혼자 남겨진 것만 같아 무섭고 눈물이 날 땐 구주 클럽 멤버들에게 밤늦도록 의지했다. 돈을 빌려주지 않으면 죽어버린다, 자신이 죽으면 모두 네 책임이다라는 재혁의 협박에도 죄책감을 느낄 필요가 없다는 사실을 드디어 깨달았다. 재혁이 망가진다 한들 그것은 그의 선택일 뿐 은비의 책임이나 의무가 아니라는 것을 알게 되었다. 어떤 술이나 약보다 독하게 의존했던, 지긋지긋하고 해묵은 관계의 중독으로부터 독립한 것이다.

은비가 다시 솔로가 되었다는 것을 안 직장 동료가 점심을 먹다가 이런 말을 했다.

"은비 씨, 소개팅 받아볼래? 남자는 남자로 잊는 거야. 똥차 가면 벤츠 온다?"

은비는 조금 생각해보더니 말했다.

"됐어요, 지금은 그냥 좀 쉴래요."

"나이가 몇인데? 얼른 여러 사람 만나봐야 남자 고르는 눈이 생기지!"

은비는 자신도 모르게 웃음이 나왔다. 직장 동료의 반응이 주식투자를 하기 싫다던 은비에게 재혁이 하던 말과 비슷했기 때문이다.

"우량주 아무거나 몇 개 사봐. 그래야 감이 생긴다니까? 주식을 해봐야 종목을 고를 줄 알고 차트도 눈에 보이는 거야. 지금 시작 안 하면 혼자만 뒤처진다니까?"

은비는 연애와 주식투자가 어쩌면 비슷한 것일지도 모르겠다는 생각이 들었다. 은비가 앞으로 절대 남자친구를 사귀지 않겠다는 것은 아니었다. 주식투자를 절대 하지 않겠다는 것도 아니었다. 다만 한동안은 다른 무언가가 아닌 온전한 자신의 삶에만 집중하고 싶었다. 다른 사람의 말과 욕망에 휘둘리지 않고 나만의 방식대로 내가 원하는 삶을 살아보고 싶었다.

은비는 다음에 연애나 투자를 하게 된다면 절대 조급해하지 않기로 결심했다. 천천히 한 계단 한 계단씩 밟아 나아가자. 상처가 덧나지 않게, 불안과 두려움이 자신을 집어삼키지 않도록 조금씩 관계를 쌓아나가겠다고 다짐했다. 아주 천천히, 내가 정말 바라는 시기에, 내가 원하는 속도로, 내 삶의 모든 것을 쏟아붓지 않을 정도로만.

하지만 은비는 다시는 연애를 하지 못하게 되어도 주식투자를 하지 않아도 상관없었다. 나는 지금 이대로도 이미 충분한 사람이라는 사실을 알게 되었으니까.

· · ·

11주 차: 실행

- 여유자금의 10분의 1만 투자한다.
- 50만 원 투자법으로 주식 실패의 트라우마를 극복한다.
- 작은 성공을 최대한 많이 반복한다.
- 다시는 빚으로 투자하지 않고 철저하게 분할 매수, 분산 투자를 한다.
- 한 달에 한 번씩만 주식 창을 확인한다.
- 단기 투자가 아닌 장기 투자, 마라톤 투자를 지향한다.

몇 주가 지나고 지운은 무사히 병원에서 퇴원했다. 오래 누워 있느라 체력이 많이 약해지기는 했지만 몸에 특별한 이상은 없었다. 의사들은 지운이 깨어난 게 기적이라고 입을 모아 이야기했다.

파이블루네트워크 사건도 어느 정도 마무리되었다. 준수, 은비, 영준, 태윤은 밤 9시가 되기 직전 주가조작에 가담한 사람들의 자료를 찾아 검찰에 넘겼다. 곧바로 출국금지명령이 떨어졌지만 이미 A은행 부행장과 M저축은행 대표이사는 한국을 뜬 뒤였다. 다행히 9시 40분 비행기를 타려던 국회의원 K는 공항에서 발이 묶였고 그를 중심으로 여러 가지 조사가 이루어졌다. 정재계가 모두 연관된 최악의 주가조작 사건이라며 연신 헤드라인을 장식하던 것도 잠시, 무슨 일이 있었느냐는 듯 세간의 관심도 시들해졌다. 피해자 모임에서는 국회의원 K를 잡은 '익명의 제보자'가 누군지 궁금해했지만 곧 화두는 피해자 보상이 언제 이루어질 것인지로 넘어갔다.

혜진공주 지운 씨 퇴원 기념으로 우리 어디 갈래요? 지운 씨 뭐 먹고 싶은 거 없어요?

박스터 음… 있어요.

러시앤머니	뭔데? 누나가 쏜다! 우리 지운이 한우 먹고 싶어? 아니면 오마카세?
박스터	누나 전 남친 빚도 다 못 갚았을 텐데… 결국 횡령한 거야? ㅋㅋㅋ
러시앤머니	죽는다, 진짜. 10초 안에 빨리 말해, 1, 2, 3…
박스터	제육 고추장 크림 스파게티.
러시앤머니	응? 제육, 뭐라고?
박스터	제육 고추장 크림 스파게티!
러시앤머니	장난이지? 그런 걸 어디서 파는데?
박스터	Y대학교 학생 식당.
러시앤머니	이름도 엄청 이상한 걸 대체 왜 먹고 싶은데?
박스터	나 수능 망쳐서 재수할 때 고등학교 친구가 Y대학교 다녔거든. 한번은 자기네 학교 학생 식당에 밥 먹으러 오라는 거야. 가서 저걸 먹었는데 엄청 맛있더라고, 아직도 기억이 생생할 만큼.
부자곰	지운 씨, 아마 그건 실제로 그 음식이 그렇게 맛있었다기보다는 심리적 요인이 작용한 것 아닐까요? 친구에 대한 부러움 같은 것 때문에요.
박스터	네, 사실 그런 거 같기도 해요. 그게 맛있어봤자 얼마나 맛

있었겠어요. 친구가 입은 Y대 과 점퍼가 부럽기도 하고 명문대 클래스, 뭐 그런 거에 주눅도 들고… 그래서 더 그렇게 느낀 것 같아요. 지금 먹으면 어떤 맛인지 어떻게 변했을지 확인해보고 싶어요.

마석도	헛소리 말고 그냥 한우 먹자.
박스터	아, 근데 태윤이 너… 스물다섯 살이라며? 나 스물일곱 살이거든?
마석도	그래서?
박스터	우리나라는 원래 동방예의지국이에요. '오라버니'라고 불러야지?
혜진공주	지운 씨, 병원비 전부 태윤 씨가 계산하셨어요.
박스터	…잘못했습니다, 누님.
마석도	알면 됐어.
부자곰	지운 씨.
박스터	네, 형? 아니, 선생님!
부자곰	다시 주식을 할 거예요?

글쎄, 어떤 게 정답일까? 지운은 고민에 빠졌다. 사실 주식이 나쁜 것은 아니다. 주식을 도박처럼 생각하고 잘못된 방법으로

뛰어든 것이 가장 큰 잘못이라는 사실을 잘 알았다. 하지만 지운은 한 가지 의구심이 들었다. 과거와 똑같은 유혹에 넘어가지 않을 만큼 내가 성장했을까? 실수를 충분히 반성하고 새롭게 변화했을까?

지운은 아직 잘 모르겠다는 생각이 들었다. 지금은 투자를 하고 있지 않지만 혹시 다시 주식을 하게 된다면 절대 빚을 지지 않고 여윳돈으로만 할 것이다. 트라우마를 완전히 극복했다고 확신하기 전까지는 한 달에 10만 원, 많아도 50만 원 정도만 투자할 것이다. 욕망이라는 괴물이 다시 자신을 삼키지 못하도록 지운은 수십 번 수백 번 연습할 각오가 되어 있었다.

러시앤머니   그렇게 했는데 또 실패하면? 또 리딩방 같은 데 들어가는 거 아냐?

러시앤머니의 메시지가 도착하자마자 지운의 스마트폰으로 문자 메시지가 하나 도착했다. 모르는 번호였다. 내용을 확인해 보니 이렇게 적혀 있었다.

'해외선물 단톡방 링크 / 입장 코드: ABC12.'

그 메시지 아래에는 세 시간 전 '투자연구소 내일 급등주 K

사이버텍, VIP 단타 무료 카톡방 선착순 스무 명'이라는 메시지가 와 있었다. 이런 스팸 메시지는 하루도 빠짐없이 왔다. 주식 유튜버를 사칭하는 DM과 메일, 밴드 초대 메시지까지 유혹은 끊임없이 지운을 찾아와 흔들었다. 지운은 스팸 메시지를 다 지워버리고 구주 클럽 채팅방에 메시지를 보냈다.

박스터   괜찮아, 또 흔들리면 여기다 바로 이야기할게. 나 잘 붙잡아줘.

혼자서 이겨낼 수 없는 불안이 오면 친구들에게 기대면 된다. 극복하지 못할 충동이 오면 솔직하게 공유하고 함께 고민하면 된다.

지운은 언젠가 자신의 수준과 성향에 맞는 방식으로 다시 투자를 공부하겠다고 마음먹었다. 당장이 아닌 5년 후, 10년 후의 미래를 그리면서 농사를 짓듯 장기 투자할 것이다. 한번 주식을 사면 아예 몇 달은 열어보지도 않을 것이다. 도저히 궁금해서 참지 못할 것 같으면 운동과 공부를 하며 삶과 일상에 더 집중할 것이다. 그래도 못 참겠으면 게임을 하고 웹툰을 볼 것이다. 여자친구를 만들어서 연애에 몰두할 것이다.

마석도	박스터.
박스터	네, 누님.
마석도	네 빚… 내가 대신 갚아줄까?
러시앤머니	워워… 절대 안 돼.
혜진공주	그건 좀 아니에요, 태윤 씨.
부자곰	그건 진짜 아님. 그럼 안 됨.

태윤의 폭탄 발언에 메시지가 쏟아졌다.

중독에 빠진 사람을 돕는 절대 원칙이 있다. 절대로 빚을 대신 갚아주지 말 것. 가족이나 친구가 그 빚을 대신 갚아주는 순간 중독자들은 이런 생각을 한다. '사고를 쳐도 결국은 해결이 되네?'라고 말이다. 뇌는 나쁜 습관을 고착화하고 부정적으로 강화한다. 즉, 누군가가 빚을 대신 갚아주는 것은 중독자에게 또다시 중독에 빠질 여지를 주는 것이다.

박스터	아무리 고생해도 아무리 힘들어도 내 힘으로 갚을 거야. 그래야만 할 거 같아.

지운의 대답에 나머지 넷은 대견하다는 듯 각자의 자리에서

고개를 끄덕였다.

지금 닥친 위기를 모면하는 게 전부가 아니다. 공포나 불안에 지지 않고 욕망을 인내하는 유일한 방법은 자신의 근육을 키우는 것이다. 근섬유가 찢어지고 다시 회복되어야 근육이 커지듯이 고통을 피하지 않고 받아들여야 한다. 지운은 꼼수가 아닌 지루하고 어려운 하루의 반복만이 나를 성숙하게 만드는 유일한 방법이라는 것을 이제는 알았다.

며칠 후 Y대학교 학생 식당에 구주 클럽 모두가 모였다.

"진짜 졸라 맛있네."

태윤이 제육 고추장 크림 스파게티를 정신없이 퍼먹으며 말했다.

"미쳤어, 진짜. 이런 거 첨 먹어 봐."

옆에서 은비도 허겁지겁 스파게티를 먹으며 고개를 끄덕였다. 지운은 뜨거운 제육 고추장 크림 스파게티를 후후 불며 착각이 아니라 원래 진짜 맛있는 거였구나, 하고 생각했다. 아니, 어쩌면 소중한 사람들이 곁에 있어서 그렇게 느끼는 것일까?

"아니야, 느낌이 아니라 진짜 졸라 맛있어요."

"아니, 선생님이 졸라라는 말을 쓰면 어떡합니까?"

영준의 지적에 준수가 배시시 웃었다. 그 모습을 본 모두가 웃음을 크게 터트렸다.

지운은 점심시간이 살짝 지나 한가한 학생 식당을 쭉 둘러보며 3년 혹은 5년 뒤에 다시 이곳에 와보고 싶다고 생각했다. 그때의 제육 고추장 크림 스파게티는 어떤 맛일까? 그때도 주식투자를 하고 있을까? 지운은 부자가 되든 되지 못하든 스스로 부끄럽지 않은 투자를 하고 싶었다. 행운이나 대박을 노리는 게 아니라 오늘의 노력이 내일로 켜켜이 이어지는 날들이기를 소망했다.

· · ·

12주 차: 재확신 주기

· 재발 방지 교육을 실시하고 우울증과 불안, 중독 위험 점수를 재평가한다.

· 자존감의 회복, 관계의 회복을 평가한다.

· 중독에 대한 인사이트 수준을 확인한다.

· 회복탄력성 개념을 이해한다.

· 과거의 나와 건강하게 이별한다.

"마석도 님, 아니 태윤 씨가 여기까지 웬일이세요?"

준수가 앉으라는 듯 앞에 놓인 의자를 가리키며 물었다.

"한 번 찾아뵙고 싶었어요."

태윤이 무뚝뚝한 얼굴로 말했다. 표정에는 큰 변화가 없었지만 태윤의 얼굴에는 예전보다 묘하게 생기가 감돌았다. 준수가 방긋 웃었다.

"어떤 이야기든 다 환영이에요. 아버지 이야기도 좋고 다른 고민도 좋아요."

"오늘은… 선생님에 관한 이야기를 하고 싶어요."

예상치 못한 대답에 준수가 어리둥절한 표정을 지었다.

"저에 관한 이야기요?"

"선생님과 저는 10년 전에 한 번 만난 적이 있어요."

준수가 전혀 기억이 나지 않는다는 듯 눈을 크게 뜨고 태윤에게 물었다.

"정말요? 그런데 제가 왜 기억을 못 했죠? 하긴 딱 한 번 만났으면 그럴 수도 있겠네요. 제가 요새 기억력이… 저에게 상담을 받았나요? 저는 그때 레지던트였을 텐데."

"네, 2012년 S병원 응급실에서요."

"…응급실에서요?"

"네. 중학교 2학년 때 자살 시도를 했어요, 두 번째로…. 진짜 죽고 싶었어요. 아버지에게서 도망치고 싶었거든요."

"혹시…!"

태윤의 말을 들은 준수는 순간 숨이 멎는 것 같았다. 한 번씩 나타나 준수의 죄책감을 자극하던 꿈의 주인공이 바로 태윤이었다니. 무언가 기억해낸 것 같은 준수의 얼굴을 보고 태윤이 크게 심호흡을 한 뒤 말을 이었다.

"저… 꽤 오랫동안 선생님 원망했어요. 선생님 잘못이 아닌 건 알아요. 제 이야기를 진지하게 들어주고 진심으로 도와주려고 했던 첫 번째 어른이었으니까. 그때 응급실에서 정말 혹시나 했거든요. 이 사람은 믿을 수 있지 않을까? 아버지에게서 나를 구해줄 수 있지 않을까? 정말 잠시나마 기대했는데 결국 이 사람도 똑같구나… 그런 생각에 많이 미웠어요."

태윤은 그날 이후 준수와의 재회를 대여섯 번쯤 상상해보았다. 자신이 언젠가 그 의사 앞에 나타나 '당신 때문에 아버지에게 계속 학대당했다, 나를 도와주지 못한 당신을 원망한다'고 하면 어떤 표정을 지을까? 교수 눈치를 보느라 어쩔 수 없었다고 변명할까? 그게 왜 내 탓이냐고 화를 낼까?

준수의 반응은 태윤의 예상을 완전히 빗나갔다. 준수는 아무 말 없이 한참을 울었다. 미안하다는 말도 용서해달라는 말도 없이 입을 꾹 다문 채 소리 내지 않고 그저 천천히 울기만 했다. 그

모습을 보고 태윤은 깨달았다. 준수가 그 자리에서 과거에 했던 실수를 무마하려고 하거나 자신의 죄책감을 해소하려고 하거나 의사로서의 체면과 권위를 세우려고 하지 않고 오로지 태윤의 아픔만을 걱정하고 있다는 것을. 자신의 실수를 구구절절 변명하지 않고 온전히 태윤이 느꼈던 고통과 상처를 같이 느끼고 아파하고 있다는 것을.

"고마워요… 정말 고마워요."

준수가 말했다.

왜? 태윤은 준수의 반응이 이해되지 않았다. 뭐가 고맙다는 것일까? 자신은 아직 준수를 용서한다고 말하지 않았다. 하지만 준수의 눈빛을 보고 태윤은 금세 의미를 알아차렸다. 내가 살아 있어서, 자기 앞에 찾아와 상처를 이야기할 만큼 이제는 괜찮아져서 고맙다는 말이구나. 준수는 한순간도 본인의 입장을 고려하지 않았다. 그리고 태윤의 과거나 상처에만 매몰되지도 않고 지금의 모습을 온전히 바라봐주었다.

태윤이 준수의 병원에 찾아간 이유는 원래 심술을 조금 부리기 위해서였다. 투정을 살짝 부리고도 싶었다. 하지만 그럴 마음이 사라져버렸다. 태윤은 준수의 말 한마디에 무의식의 벽에 붙어 있던 해묵은 불안과 분노의 작은 찌꺼기를 남김없이 날려

보냈다. 오늘의 마음을, 저 눈물을 잊지 않는다면 아마 태윤은 계속 괜찮을 것이다. 분명 행복해질 수 있을 것이다. 태윤이 자리에서 일어나며 말했다.

"용서해드린다는 말을 하려고 왔는데… 저도 다른 말로 대신하겠어요. 마석도와 태윤이를 구해주셔서 고마워요. 정말 고마워요, 선생님."

아주 오래 미뤄둔 숙제를 끝내고 후련해진 마음으로 태윤은 병원을 나섰다.

태윤은 이제 과거에 살지 않는다. 어떠한 불행과 상처도 영원하지는 않다는 것을 깨달았기 때문이다. 인생을 살아간다는 것은 필연적으로 불안과 불행을 마주칠 수밖에 없는 것이 아닐까. 1년 내내 맑고 화창한 날이 계속될 수 없듯이 소나기를 흠뻑 맞거나 돌부리에 걸려 넘어져 다치는 날도 있을 것이다. 그런다고 곧바로 여행을 끝내고 집으로 돌아갈 필요는 없다. 오늘 또 헤매고 좌절해도 괜찮다. 누군가 아픔과 실패를 지지하고 일깨워줄 테니까.

구주 클럽이 그랬듯이.

작가의 말

https://bit,;y/1343151Rbrhi

급등주 정보! 선착순으로 30분만 초대해드립니다.

오픈 채팅방 암호: acbv13

수수료 무료, 수익 내는 법 알려드립니다. 다른 허위, 지라시 리딩방과 비교 불가!

아○○솔리드: 내일 급등 확실, 최소 30퍼센트 먹는 눌림목 자리.

게르마늄바이오: FDA 3상 통과 확실시, 최소 200퍼센트 수익 보장.

대체 이런 스팸 문자 메세지는 어디서 누가 보내는 것일까? 아니, 그보다 이런 뻔한 낚시성 문자에 혹해서 넘어가는 사람이 있기는 할까? 돈 벌기가 얼마나 어려운 세상인데 저런 말에 속는다고? 놀랍게도 저런 말에 속아서 수천만 원에서 몇억 원까지 손실을 본 사람들이 수천 명에 이른다.

271

'에이 설마? 다 어르신이거나 사회 경험 없는 순진한 사람들 이겠지'라고 생각했다면 그렇지 않다. 피해자 중에는 변호사나 검사, 의사, 대기업 임원, 은행원 심지어 경제학과 교수도 있다. 본업에서는 정말 똑똑한 사람들마저 이런 뻔한 함정에 넘어가는 이유는 뭘까. 욕망 그리고 불안 때문이다.

가난한 사람, 중산층, 부자 모두가 높은 곳을 바라보며 더 안락한 삶을 꿈꾼다. 부자가 되고 싶다는 갈망, 주위 사람들에게 뒤처지면 안 된다는 조급함이 우리의 판단력을 흐린다. 평범한 회사원의 몇 년 치 연봉을 한방에 벌었다는 사람들, 1년 만에 100억 자산가가 되었다는 유튜브 섬네일… 과연 이것들은 실체가 있는 것일까?

나 역시 그런 것들에 현혹되어 쓰라린 실패를 경험한, 부끄러운 이력의 소유자임을 밝힌다. 아파트 전세금으로 모아둔 돈을 모조리 주식에 올인했다가 마이너스 78퍼센트를 얻어맞고 탕진했다. 단 세 종목에 4억 원을 '몰빵'했는데 심지어 그중 한 종목은 이름도 처음 들어본 바이오 주식이었다. 평생을 소심한 모범생으로 살아온 내가 그런 미친 도박을 했다는 게 사실 지금도 믿어지지 않는다.

재무제표나 회계 공부를 하기는커녕 주식 책 한 권도 읽지 않고 전 재산을 투자했다. 친구에게 어닝 서프라이즈와 어닝 쇼크 중 어떤 게 호재냐고 물었을 때 받았던 그 한심한 눈빛이 아직도 기억에 생생하다.

본전에 대한 집착으로 많은 투자자가 손실을 보면서도 '이것만 찾고 다시는 주식 안 해'라고 투자를 계속한다. 유감스럽게도 인간의 뇌는 같은 실수를 반복한다. 반복적인 자책으로 불안이 일정 수치를 넘어서면 전두엽은 통제를 잃고 충동적으로 날뛴다. 출처도 불분명한 수많은 지라시를 보면서 '이건 100퍼센트 작전주야. 함정이야'라고 의심하면서도 '잠깐 넣었다가 10퍼센트만 먹고 나오면 안전하지 않을까?' 하는 근거 없는 망상에 빠진다. '지난번엔 운이 없었을 뿐이야. 이번엔 잘될 거야'라는 인지 오류에 다시 빠지는 것도 과도한 불안이 이성과 합리적인 의심을 잠식해버렸기 때문이다.

나 또한 마찬가지였다. 부자는 되고 싶지만 투자 공부는 너무 어렵고 하기 싫었다. 세상에 숨겨진 지름길, 기적 같은 비법이 존재해서 흙수저인 나의 삶을 극적으로 바꿔주길 빌었다. 처음 한두 번 주식이 내게 보여줬던 달콤한 환상, 손에 잡힐 것만 같았던 반포 아파트, 파이어족, 조기 은퇴는 먼지처럼 사라져버렸다. 30대 후반에 가진 것이라곤 오직 은행 빚밖에 남지 않은 초라하고 냉혹한 현실을 마주하고 주변을 둘러봤을 때 나는 나 같은 사람이 너무나 많다는 것에 놀라고 절망하고 안도했다.

그래서 나는 주식 클리닉을 열었다. 나처럼 주식에 상처받은 사람들과 아픔을 공유하며 같이 한 발 한 발 어려운 걸음을 내디뎌보고 싶었다. 부자가 되는 법이나 반드시 오를 종목을 찾아내는 방법이 아니라 아픔을 견디며 트라우마를 극복해나가는 여정에 동행하고 싶었다.

우리는 개미가 아니라 여행자다. 투자라는 고행길을 함께 걷는 순례자다. 이 책에서 나온 이야기들은 100퍼센트 허구지만 누군가는 분명히 들어봤을 이야기, 어딘가에는 분명히 존재하는 삶이다. 대학을 갓 졸업한 취준생, 결혼을 준비하는 예비 부부, 갱년기를 보내며 적적해진 중년들⋯ 모두가 주식을 하고 할아버지 할머니도 초등학생도 '가즈아'를 외치는 세상이니 말이다.

투자라는 것은 어쩌면 나의 가장 순수한 욕망, 본질적인 내 모습과 마주하는 일이다. 무의식에 숨어 있던 과거의 실패와 트라우마, 열등감을 비추는 거울 앞에 설 때 우리는 자신이 어떤 사람인지를 깨닫고 부정하고 다시 인정하면서 성숙을 향해 나

아간다. 어떤 날은 깔깔 웃다가도 절망하고 분노하다가도 다시
희망을 품을 것이다.

　어제보다 0.1퍼센트라도 행복해질 수 있음을 꿈꾸며 살아가
는 모든 사람에게 그리고 어딘가에는 분명히 존재하고 있을 구
로동 주식 클럽에게 이 글을 바친다.

　　　　　　　　　　　　　　　　　　　박종석

구로동 주식 클럽

초판 1쇄 인쇄 2022년 12월 2일
초판 1쇄 발행 2022년 12월 14일

지은이 박종석
펴낸이 이승현

출판2 본부장 박태근
MD독자 팀장 최연진
편집 진송이 임경은
디자인 윤정아

펴낸곳 ㈜위즈덤하우스   출판등록 2000년 5월 23일 제13-1071호
주소 서울특별시 마포구 양화로 19 합정오피스빌딩 17층
전화 02) 2179-5600   홈페이지 www.wisdomhouse.co.kr

ⓒ 박종석, 2022

ISBN 979-11-6812-540-7 03320